纪律教育警示案例

中国法制出版社

编辑说明

2023年12月19日,中共中央印发了修订后的《中国共产党纪律处分条例》(以下简称《条例》)。新修订的《条例》共158条,与2018年《条例》相比,新增16条,修改76条,在总结实践经验基础上,与时俱进完善纪律规范,充分发挥纪律建设标本兼治的利器作用,推动全面从严治党向纵深发展。

为了帮助广大党员干部学习新修订的《条例》,我们组织编写了《纪律教育警示案例》一书。本书以党的六项纪律为分类标准,选取了一些发生在党员身边的违纪行为并加以剖析,用身边事教育身边人,通过典型案例来以案释纪、以案说法,使广大党员干部受警醒、明底线、知敬畏,始终做到忠诚干净担当。

同时,为了更好激发广大党员干部的积极性、主动性、创造性,坚持"三个区分开来",本书还选取了一些容错纠错实例,即对党员干部在改革创新、干事创业、履职尽责中出现的失误错误,符合相关规定情形,依规依纪依法从轻、减轻、免予处理或者不予追究责任的案例，体现严管和厚爱结合、激励和约束并重的原则。

　　由于编写水平有限，书中的疏漏和不足之处，敬请读者批评指正！

目 录

一、违反政治纪律的行为

1. 对抗组织审查是错上加错 …………………………………… 3
2. "妄议中央"是党员不可触碰的红线 ………………………… 7
3. 结交、充当政治骗子 …………………………………………… 10
4. 贯彻党中央决策部署只表态不落实 ………………………… 12
5. 乱作为的"形象工程"实际是毁形象 ………………………… 16
6. 不按规定向组织请示、报告重大事项 ……………………… 19
7. 干扰巡视巡察，不是出路是歧途 …………………………… 22
8. 参加迷信活动或者个人搞迷信活动 ………………………… 26

二、违反组织纪律的行为

9. 谈话函询时不如实向组织说明问题 ………………………… 31
10. 组织、参加自发成立的老乡会、校友会等借机编织"关系网"，为党纪所不容 …………………… 33

11. 换届选举，拉票、助选等行为要不得 ················ 36

12. 任人唯亲，埋下的是"定时炸弹" ················· 39

13. 选拔任用不依法依规进行，用人失察失误 ·········· 43

三、违反廉洁纪律的行为

14. 操办婚丧喜庆相关事宜，不能"任性" ············· 49

15. 公款吃喝、违规接受宴请不是小事情 ··············· 54

16. 退休之后收到请柬，别急着去赴宴 ················ 57

17. 对财政惠民惠农补贴资金"跑冒滴漏" ············· 60

18. 公车私用、私车公养，"驶不得" ················· 66

19. 别动"吃公函"的歪心思 ························· 71

20. 反对任何滥用职权、谋求私利的行为 ··············· 77

21. 收受可能影响公正执行公务的礼品礼金 ············· 80

22. 违规从事营利活动 ······························· 83

23. 莫把外出学习培训当作公款旅游 ··················· 86

四、违反群众纪律的行为

24. 违规摊派须严惩 ································· 91

25. 违规为亲属申领救助金，换来的是一纸处分 ········· 94

26. 给黑恶势力充当"保护伞",不可以 …………… 96

27. 村务不公开,党纪不留情 …………………… 99

五、违反工作纪律的行为

28. 新官不理旧账 ………………………………… 105
29. 干部不担当不作为需要"治" ……………… 107
30. 形式主义、官僚主义需坚决纠治 …………… 109
31. 在群众信访工作中消极应付、弄虚作假 …… 111
32. 进行统计造假的党员干部也会受到党纪处分 … 116
33. 违规干预和插手市场经济活动 ……………… 118
34. 干预司法活动帮人"平事",会受到纪法严惩 … 120
35. 保密也是一项党纪要求 ……………………… 124
36. 在高校招生考试、录取等工作中"以学谋私" …… 127

六、违反生活纪律的行为

37. 追求奢靡终成空 ……………………………… 131
38. 领导干部的家风,不是个人小事、家庭私事 …… 133
39. 网络空间不是"法外之地",更不是"纪外之地" … 135

七、容错纠错实例

40. 某区纪委监委环保问责简单泛化案 …………… 141
41. 对林某予以容错免责案 …………………………… 149
42. 对黄某某予以容错免责案 ………………………… 154
43. 对舒某等予以容错减责案 ………………………… 158
44. 对某区政府突破土地政策予以容错免责案 ……… 163
45. 对某市残联未经审批扩大财政资金使用范围问题予以容错免责案 …………………………… 167

附录：中国共产党纪律处分条例 ………………………… 172
  （2023年12月19日）

一、违反政治纪律的行为

1. 对抗组织审查是错上加错[①]

案情介绍

徐某，中共党员，A省交通运输厅原党组成员、副厅长。2020年10月，徐某接受私营企业主陈某请托，利用职务上的便利为陈某在A省承接道路工程项目提供帮助，收受陈某现金20万元。2021年3月，A省纪委监委接到反映徐某在工程领域以权谋私的匿名举报，经研判认为举报信反映的问题线索较为笼统，可查性不强，决定对徐某进行函询。徐某随即与陈某串供，统一口径声称上述20万元系借款，并伪造了借据、收条，制造了借款、还款假象。此后，徐某在给A省纪委监委的书面回复中，自称因儿子生病住院急需用钱，曾向承接A省道路工程项目的私营企业主陈某借款20万元，已经归还，但并未利用职权帮助陈某承接工程，也没有任何以权谋私的行为，同时主动表示向管理服务对象借

---

① 徐某对抗组织审查案，中央纪委国家监委2022年执纪执法指导性案例第3号，总第10号。

款确有不妥，愿意承认错误、接受处理。A省纪委监委收到函询回复后，认为徐某问题较为轻微，对其予以批评教育。

2022年1月，A省纪委监委接到反映徐某收受陈某贿赂的信访举报，初步核实后对徐某涉嫌违纪违法问题立案审查调查，查明其收受陈某20万元贿赂的事实。同年5月，徐某受到开除党籍、开除公职处分，其涉嫌受贿犯罪问题被移送检察机关依法审查起诉。

警示教育

对党忠诚是共产党人首要的政治品质。忠诚是纯粹的、无条件的，党员在任何时候都要做到对党忠诚老实，特别是在犯错误后，更应当相信组织、依靠组织，认真反省检讨，积极配合组织查清事实，决不能欺骗组织、对抗审查，妄图以此逃避处理。

徐某在回复组织函询时，不是出于畏惧、侥幸心理简单否认问题，而是按照与陈某串供的情况编造事实，提供虚假情况，企图逃避处理。从本质上看，徐某不如实回复组织函询和串供、伪造证据的行为，均基于对抗审查、逃避处理的同一个主观故意，应当一并认定为违反政治纪律。并且徐某采用串供、伪造证据、提供虚假情况掩盖事实等方式妨碍调查，具有从重处分情节，应同时给予党纪政务处分。

相关条款

《中国共产党纪律处分条例》

第二十九条　党组织在纪律审查中发现党员有贪污贿赂、滥用职权、玩忽职守、权力寻租、利益输送、徇私舞弊、浪费国家资财等违反法律涉嫌犯罪行为的，应当给予撤销党内职务、留党察看或者开除党籍处分。

第六十三条　对抗组织审查，有下列行为之一的，给予警告或者严重警告处分；情节较重的，给予撤销党内职务或者留党察看处分；情节严重的，给予开除党籍处分：

（一）串供或者伪造、销毁、转移、隐匿证据；

（二）阻止他人揭发检举、提供证据材料；

（三）包庇同案人员；

（四）向组织提供虚假情况，掩盖事实；

（五）其他对抗组织审查行为。

第八十一条　有下列行为之一，情节较重的，给予警告或者严重警告处分：

……

（二）在组织进行谈话函询时，不如实向组织说明问题；

……

《中华人民共和国公职人员政务处分法》

第十三条　公职人员有下列情形之一的，应当从重给予政务处分：

（一）在政务处分期内再次故意违法，应当受到政务处分的；

（二）阻止他人检举、提供证据的；

（三）串供或者伪造、隐匿、毁灭证据的；

（四）包庇同案人员的；

（五）胁迫、唆使他人实施违法行为的；

（六）拒不上交或者退赔违法所得的；

（七）法律、法规规定的其他从重情节。

第三十三条　有下列行为之一的，予以警告、记过或者记大过；情节较重的，予以降级或者撤职；情节严重的，予以开除：

（一）贪污贿赂的；

……

2. "妄议中央"是党员不可触碰的红线[①]

🔊 案情介绍

2015年以来，某单位原党委副书记、主任张某某在微信同学群中先后发布、转发多篇含有妄议中央大政方针、丑化党和国家形象、诋毁污蔑党和国家领导人、歪曲党史军史等政治类有害内容的文章、帖子，严重违反了党的政治纪律，是政治上的"两面人"。

📢 警示教育

《中国共产党章程》在总纲中规定坚持民主集中制是党的建设必须坚持的六项基本要求之一。它一方面要求必须充分发扬党内民主，尊重党员主体地位，保障党员民主权利，充分发挥各级党组织和党员的积极性和创造性，同时，又必须实行正确的集中，保证全党的团结统一和行动一致，保证党的决定得到迅速而有效的贯彻

[①] 《进一步严明政治纪律和政治规矩——从政治纪律表述看〈条例〉如何体现纪律建设的政治性》，载中央纪委国家监委网站，http://m.ccdi.gov.cn/content/05/42/31312.html，最后访问日期：2024年4月18日。

执行。党中央在制定重大方针政策时，通过不同的渠道和方式，充分听取有关党组织和党员的意见建议，但是有些人"当面不说、背后乱说""会上不说、会后乱说""台上不说、台下乱说"，实际上不仅扰乱了人们的思想，还破坏党的集中统一，妨碍中央方针政策的贯彻落实，造成了严重后果。

《中国共产党章程》第四条明确指出，"对党的决议和政策如有不同意见，在坚决执行的前提下，可以声明保留，并且可以把自己的意见向党的上级组织直至中央提出"。张某某"妄议中央"等严重违反党的政治纪律的行为，广大党员应引以为戒，时刻警惕，杜绝此类错误的发生，要始终遵守党的政治纪律和国家有关规定。

相关条款

《中国共产党纪律处分条例》

第五十一条 通过网络、广播、电视、报刊、传单、书籍等，或者利用讲座、论坛、报告会、座谈会等方式，有下列行为之一，情节较轻的，给予警告或者严重警告处分；情节较重的，给予撤销党内职务或者留党察看处分；情节严重的，给予开除党籍处分：

（一）公开发表违背四项基本原则，违背、歪曲党的改革开放决策，或者其他有严重政治问题的文章、演说、宣言、声明等；

（二）妄议党中央大政方针，破坏党的集中统一；

（三）丑化党和国家形象，或者诋毁、诬蔑党和国家领导人、英雄模范，或者歪曲党的历史、中华人民共和国历史、人民军队历史。

发布、播出、刊登、出版前款所列内容或者为上述行为提供方便条件的，对直接责任者和领导责任者，给予严重警告或者撤销党内职务处分；情节严重的，给予留党察看或者开除党籍处分。

第五十八条 对党不忠诚不老实，表里不一，阳奉阴违，欺上瞒下，搞两面派，做两面人，在政治上造成不良影响的，给予警告或者严重警告处分；情节较重的，给予撤销党内职务或者留党察看处分；情节严重的，给予开除党籍处分。

《中华人民共和国公职人员政务处分法》

第二十八条 有下列行为之一的，予以记过或者记大过；情节较重的，予以降级或者撤职；情节严重的，予以开除：

（一）散布有损宪法权威、中国共产党领导和国家声誉的言论的；

……

3. 结交、充当政治骗子[①]

案情介绍

某省纪检监察干部李某，信仰迷茫、精神迷失，执纪违纪、执法犯法，毫无底线原则，丧失职责操守，对党不忠诚不老实，阳奉阴违，搞两面派，做两面人，不信组织信关系，为逃避查处，结交政治骗子，被骗巨额财产，以串供、转移、隐匿证据等方式处心积虑对抗组织审查，因严重违纪违法被开除党籍和公职。

警示教育

习近平总书记在二十届中央纪委三次全会上指出，有力打击各种政治骗子，严格防止把商品交换原则带到

[①] 《湖南省纪委监委驻省委统战部纪检监察组原组长李某被开除党籍和公职》，载中央纪委国家监委网站，https://www.ccdi.gov.cn/yaowenn/202402/t20240202_326566.html，最后访问日期：2024年4月18日。

党内。"政治骗子"一般指通过虚构冒充领导干部及其亲属、朋友、身边工作人员，或用有特殊背景的专家教授、学者智囊、"大师"等方式设计身份伪装，或通过伪造领导干部图文影音资料、虚构与领导干部交往经历、传播政治谣言、制造内部信息、假意"牵线搭桥"等方式设计行为包装，以"提拔重用""摆案抹案"等政治利益为诱惑骗取他人信任，谋求攫取经济利益、社会地位等不正当利益的人员。

政治骗子行骗的套路通常是虚构特殊身份背景，散布所谓"内幕消息"，把自己包装成"有来头"的神秘人物，故弄玄虚骗取信任，进而骗钱、骗物，甚至插手人事安排、工程项目等。

党员干部结交、充当政治骗子，主观目的一般是为了在政治上搞投机钻营或谋取不正当利益，有的希望搭"天线"跑官要官，有的希望找关系"消灾解难"，有的希望插手人事安排、工程项目等，或有其他不良目的，如打探"内部消息"、捞取政治资本，等等。结交、充当政治骗子的行为，违反了党的政治纪律，严重的会被开除党籍。

相关条款

《中国共产党纪律处分条例》

第五十五条 搞投机钻营，结交政治骗子或者被政治骗子利用的，给予严重警告或者撤销党内职务处分；情节严重的，给予留党察看或者开除党籍处分。

充当政治骗子的，给予撤销党内职务、留党察看或者开除党籍处分。

4. 贯彻党中央决策部署只表态不落实[①]

案情介绍

2018年以来，某县县委书记张某明知应当认真贯彻落实习近平生态文明思想和党中央关于生态文明建设的决策部署，却热衷于表态造势、作秀装样子。张某在公开场合多次强调要全面推进生态文明建设的决策部署，

[①] 《以案说纪·深入纠治形式主义官僚主义（一）》，载湖北省纪委监委网站，https://www.hbjwjc.gov.cn/zdzl/qwfb/yasj/146827.htm，最后访问日期：2024年4月18日。

却不进行实质性部署推动,甚至背后纵容某企业在该县重要生态功能区内非法挖山采石、破坏生态环境,造成严重损害和严重不良影响,群众对此反映强烈,后张某受到撤销党内职务、政务撤职处分。

警示教育

空谈误国、实干兴邦。只表态不落实的行为,影响党中央决策部署贯彻落实、党中央权威和集中统一领导,损害党、国家和人民的利益,侵犯党的性质宗旨和优良作风以及党组织正常的管理活动,可能会引发党员群众对党中央决策部署的不当评价和质疑,从而危害党中央权威和集中统一领导。

本案中,张某在贯彻落实习近平生态文明思想和党中央关于生态文明建设的重大决策部署中,做表面文章,给地方生态环境造成严重损害和不良影响,是典型的只表态不落实。党员干部应坚持真抓实干、少说多干,把拥护"两个确立"、做到"两个维护"落实到行动上、体现在工作中,以高质量发展的实际行动和成效,为建设中国式现代化作出贡献。

相关条款

《中国共产党纪律处分条例》

第五十六条 党员领导干部在本人主政的地方或者分管的部门自行其是，搞山头主义，拒不执行党中央确定的大政方针，甚至背着党中央另搞一套的，给予撤销党内职务、留党察看或者开除党籍处分。

贯彻党中央决策部署只表态不落实，或者落实党中央决策部署不坚决，打折扣、搞变通，在政治上造成不良影响或者严重后果的，给予警告或者严重警告处分；情节严重的，给予撤销党内职务、留党察看或者开除党籍处分。

不顾党和国家大局，搞部门或者地方保护主义的，依照前款规定处理。

第一百三十二条 有下列行为之一，造成严重损害或者严重不良影响的，对直接责任者和领导责任者，给予警告或者严重警告处分；情节较重的，给予撤销党内职务或者留党察看处分；情节严重的，给予开除党籍处分：

（一）热衷于搞舆论造势、浮在表面；

（二）单纯以会议贯彻会议、以文件落实文件，在实际工作中不见诸行动；

……

《中国共产党问责条例》

第七条 党组织、党的领导干部违反党章和其他党内法规，不履行或者不正确履行职责，有下列情形之一，应当予以问责：

……

（二）党的政治建设抓得不实，在重大原则问题上未能同党中央保持一致，贯彻落实党的路线方针政策和执行党中央重大决策部署不力，不遵守重大事项请示报告制度，有令不行、有禁不止，阳奉阴违、欺上瞒下，团团伙伙、拉帮结派问题突出，党内政治生活不严肃不健康，党的政治建设工作责任制落实不到位，造成严重后果或者恶劣影响的；

……

《中华人民共和国公职人员政务处分法》

第二十八条 有下列行为之一的，予以记过或者记大过；情节较重的，予以降级或者撤职；情节严重的，予以开除：

……

（三）拒不执行或者变相不执行中国共产党和国家

的路线方针政策、重大决策部署的；

……

5. 乱作为的"形象工程"实际是毁形象[①]

🔊 案情介绍

　　某县在推进人居环境整治工作中，脱离实际、违背干部群众意愿随意决策，出台文件"一刀切"要求定期清理本地区国道、省道、县道等主干路两侧野树杂草，留茬高度在 10 厘米左右。只顾"面子"、不顾"里子"，对主干路两侧可视范围和领导干部调研检查经常走的线路整治标准要求过高，这些公路两侧反复割草、干净整洁，但村内环境特别是背街小巷脏乱差；对公路沿线某村庄 12 户房屋"刷白墙""加青瓦"，但对村内其他房屋未作任何整修，形成鲜明反差，整治工作变形走样。检查考评过多过频、层层加码，某市实行"每月

[①] 《中央纪委国家监委公开通报六起形式主义、官僚主义典型问题》，载中央纪委国家监委网站，https://www.ccdi.gov.cn/toutiaon/202312/t20231227_317460.html，最后访问日期：2024 年 4 月 18 日。

一暗访一通报、一季度一考评"，某县实行"每日一通报、每周一排序、每半月一评比、每月一奖惩"，该县所属乡镇频繁开展督导检查、观摩评比，采取贴照片等方式通报排名靠前、靠后的村党支部书记，增加基层干部和群众负担。某市副市长、某县县委原书记汪某受到党内严重警告处分；某县县委书记管某，县民政局局长、某镇党委原书记陈某受到党内警告处分；某县农业农村局党组书记、局长黄某受到党内严重警告处分，其他责任人员受到相应处理。

警示教育

把中国式现代化宏伟蓝图一步步变成美好现实，必须真抓实干、狠抓落实，坚决反对形式主义、官僚主义。当前一些地方和干部口号响落实差、不作为乱作为等问题依然存在，影响党中央决策部署落地，侵蚀干部群众获得感，必须严纠严治。2023年中央经济工作会议对高质量落实党中央决策部署，纠治形式主义、官僚主义提出了明确要求。各级党组织和领导干部要认真学习领会、自觉对标对表，深入检视在落实党中央决策部署上是否做到了不折不扣、雷厉风行、求真务实、敢作善为，力戒形式主义、官僚主义，统筹把握时度效，聚

17

焦、聚神、聚力抓落实，以担当诠释忠诚，用实干推动发展。

相关条款

《关于新形势下党内政治生活的若干准则》

对一切搞劳民伤财的"形象工程"和"政绩工程"的行为，要严肃问责追责，依纪依法处理。

《中国共产党纪律处分条例》

第五十七条 党员领导干部政绩观错位，违背新发展理念、背离高质量发展要求，给党、国家和人民利益造成较大损失的，给予警告或者严重警告处分；情节较重的，给予撤销党内职务或者留党察看处分；情节严重的，给予开除党籍处分。

搞劳民伤财的"形象工程"、"政绩工程"的，从重或者加重处分。

第一百二十六条 有下列行为之一，对直接责任者和领导责任者，情节较重的，给予警告或者严重警告处分；情节严重的，给予撤销党内职务或者留党察看处分：

（一）对涉及群众生产、生活等切身利益的问题依照政策或者有关规定能解决而不及时解决，庸懒无为、效率低下，造成不良影响；

（二）对符合政策的群众诉求消极应付、推诿扯皮，损害党群、干群关系；

（三）对待群众态度恶劣、简单粗暴，造成不良影响；

（四）弄虚作假，欺上瞒下，损害群众利益；

（五）其他不作为、乱作为、慢作为、假作为等损害群众利益行为。

6. 不按规定向组织请示、报告重大事项[①]

案情介绍

张某，某县城市管理行政执法局副局长，中共党员。某晚，该局城管执法人员在执法时与来该县旅游的多名游客发生冲突，城管人员将导游周某等人打伤。张某作为带班领导，未按照县里规定的发生重大突发事件

---

① 《党员干部应如何向党组织报告有关事项？》，载中央纪委国家监委网站，https://www.ccdi.gov.cn/hdjl/ywtt/201802/t20180228_209829.html，最后访问日期：2024年4月18日。

必须及时向组织汇报的要求，未向局里报告该情况。该事件未得到及时处置，经网络传播后，产生恶劣影响。

警示教育

请示报告制度是我们党的一项重要政治纪律、组织纪律、工作纪律，是执行民主集中制的有效工作机制。重大事项，是指超出党组织和党员、领导干部自身职权范围，或者虽在自身职权范围内但关乎全局、影响广泛的重要事情和重要情况，包括党组织贯彻执行党中央决策部署和上级党组织决定、领导经济社会发展事务、落实全面从严治党责任，党员履行义务、行使权利，领导干部行使权力、担负责任的重要事情和重要情况。领导干部必须按规定向组织请示、报告重大事项。

张某作为县城市管理行政执法局副局长，没有按照县里规定，及时将突发事件向组织汇报，致使事件未得到及时处理，造成恶劣影响。张某的行为应受到处分。

相关条款

《关于新形势下党内政治生活的若干准则》

全党必须严格执行重大问题请示报告制度。全国人大常委会、国务院、全国政协，中央纪律检查委员会，最高人民法院、最高人民检察院，中央和国家机关各部门，各人民团体，各省、自治区、直辖市，其党组织要定期向党中央报告工作。研究涉及全局的重大事项或作出重大决定要及时向党中央请示报告，执行党中央重要决定的情况要专题报告。遇有突发性重大问题和工作中重大问题要及时向党中央请示报告，情况紧急必须临机处置的，要尽职尽力做好工作，并迅速报告。

《中国共产党纪律处分条例》

第六十一条 不按照有关规定向组织请示、报告重大事项，对直接责任者和领导责任者，情节较重的，给予警告或者严重警告处分；情节严重的，给予撤销党内职务或者留党察看处分。

《中国共产党重大事项请示报告条例》

第四十四条 实行重大事项请示报告责任追究制度，有下列情形之一的，应当依规依纪追究有关党组织和党员、领导干部以及工作人员的责任，涉嫌违法犯罪的，按照有关法律规定处理：

（一）违反政治纪律和政治规矩，擅自决定应当由党中央决定的重大事项，损害党中央权威和集中统一领导的；

（二）履行领导责任不到位，对重大事项请示报告不重视不部署，工作开展不力的；

（三）违反组织原则，该请示不请示，该报告不报告的；

（四）缺乏责任担当，推诿塞责、上交矛盾、消极作为的；

（五）搞形式主义、官僚主义，请示报告内容不实、信息不准，造成严重后果的；

（六）违反工作要求，不按规定程序和方式请示报告，造成严重后果的；

（七）其他应当追究责任的情形。

7. 干扰巡视巡察，不是出路是歧途[①]

案情介绍

某镇发生一起面包车自燃事件。出事车辆系该镇农业综合服务中心水利工作负责人李某某的私家车，车上载有的3年多的水利工作账目资料被付之一炬。一时

---

① 《巡视巡察岂容干扰》，载甘肃纪检监察网，http://www.gsjw.gov.cn/content/2019-06-03/29204.html，最后访问日期：http://www.gsjw.gov.cn/content/2019-06-03/29204.html。

间，众说纷纭，疑云丛生。经调查，原来，县区交叉巡察组进驻该镇后，李某某为掩盖农民用水协会账目中燃油费过多问题，安排本单位会计吴某某将燃油费发票换成租车费白条入账。在将账目资料送往镇政府途中，因担心其伪造账目行为被发现，遂将车辆点燃，烧毁了相关的账目资料，并于事后谎称车辆自燃。后来，李某某、吴某某因涉嫌故意销毁会计凭证、会计账簿罪被公安机关立案侦查并采取刑事强制措施；县纪委监委对二人涉嫌严重违纪违法问题进行立案审查调查。

警示教育

党的十八大以来，以习近平同志为核心的党中央高度重视巡视工作，把巡视作为推进党的自我革命、全面从严治党的战略性制度安排。党的二十大对发挥政治巡视利剑作用、加强巡视整改和成果运用作出新部署。习近平总书记强调，要把巡视利剑磨得更光更亮，勇于亮剑，始终做到利剑高悬、震慑常在。

然而，一些被巡视巡察地区（单位）工作人员为了防止自己的腐败行为或者失职渎职行为被发现，想方设法干扰、阻挠巡视巡察工作顺利开展，有的对巡视巡察组要求提供的有关情况，千方百计隐瞒不报或者故意向巡视巡察组提供虚假情况；有的对巡视巡察组要求提供的有关文件、档案、会议记录等文件材料，编造理由不提供，或者推诿、扯皮、拖延提供，或者避重就轻不提供关键、核心材料，甚至拒不提供；有的堵截干部群众来巡视巡察组上访，或者组织非正常集体访，或者制造突发事件，或者对巡视干部进行诬告、恐吓等。一些被巡视巡察地区（单位）拒不纠正存在问题或者不按要求进行整改，有的责任担当不够、对整改工作敷衍应付走过场；有的不敢较真碰硬，对巡视巡察反馈的问题和移交的线索久拖不办、轻易查否；有的工作标准不高，避重就轻，整改不到位，等等。

本案中，李某某、吴某某企图通过点燃车辆、谎称车辆自燃的方式销毁账目资料，殊不知，这种干扰巡视巡察的方式往往是欲盖弥彰，机关算尽终会"翻船"，到头来，还是搬起石头砸自己的脚。

相关条款

《中国共产党纪律处分条例》

第六十二条 干扰巡视巡察工作或者不落实巡视巡察整改要求，对直接责任者和领导责任者，情节较轻的，给予警告或者严重警告处分；情节较重的，给予撤销党内职务或者留党察看处分；情节严重的，给予开除党籍处分。

《中国共产党问责条例》

第七条 党组织、党的领导干部违反党章和其他党内法规，不履行或者不正确履行职责，有下列情形之一，应当予以问责：

……

（八）全面从严治党主体责任、监督责任落实不到位，对公权力的监督制约不力，好人主义盛行，不负责不担当，党内监督乏力，该发现的问题没有发现，发现问题不报告不处置，领导巡视巡察工作不力，落实巡视巡察整改要求走过场、不到位，该问责不问责，造成严重后果的；

……

《中国共产党巡视工作条例》

第四十六条 被巡视党组织及其工作人员有下列情形之一的，视情节轻重，依据有关规定对该党组织领导班子主要负责人或者其他有关责任人员，给予批评教育、责令检查、诫勉、组织处理或者党纪、政务处分；构成犯罪的，依法追究刑事责任：

（一）隐瞒不报或者故意向巡视组提供虚假情况；

（二）拒绝或者不按照要求向巡视组提供有关文件资料；

（三）指使、强令有关单位或者人员干扰、阻挠巡视工作，或者诬告、陷害他人；

（四）组织领导巡视整改不力，落实巡视整改要求不到位，敷衍应付、虚假整改；

（五）对反映问题的干部群众进行威胁、打击、报复、陷害；

（六）其他不配合或者干扰巡视工作的情形。

8. 参加迷信活动或者个人搞迷信活动[①]

📢 案情介绍

佘某某，某市城市建设资金管理中心原副主任兼财务总监，其把风水卜卦当作一门学问潜心钻研。他不仅给自己的祖坟、住所、办公室调风水，给自己儿子改名

[①] 《不信马列信鬼神，不信组织信大师 这些党员干部为何堕入迷途》，载中央纪委国家监委网站，https://www.ccdi.gov.cn/yaowenn/202009/t20200930_82356.html，最后访问日期：2024年4月18日。

字，还以出差联系业务为由，利用工作日赴外地参加风水培训班，并向身边的亲戚朋友、党员干部大肆传播有神论，造成恶劣影响。后因严重违纪违法，被开除党籍、开除公职，其涉嫌犯罪问题移送司法机关依法处理。

警示教育

我们党是马克思主义政党，共产党员要做坚定的马克思主义无神论者。党员组织、参加或者个人搞迷信活动的意识深处，是对信仰的背叛，不信马列信鬼神的迷信行为，体现出的是信仰缺失、精神颓废、堕落迷途。

当前，仍有少数党员沉迷其中，他们有的长期在家烧香拜佛，有的给自己祖坟、办公室调风水，有的指使行贿人给"大师"捐款。作为党员，必须明白，无论是鬼神之说，还是风水卜卦，都是唯心主义的有神论，和共产党人所信仰的唯物主义无神论背道而驰。党员组织、参加和个人搞迷信活动，会污染社会风气，破坏政治生态，极大地损害党的事业和形象。

相关条款

《关于新形势下党内政治生活的若干准则》

党员不准搞封建迷信，不准信仰宗教，不准参与邪教，不准纵容和支持宗教极端势力、民族分裂势力、暴力恐怖势力及其活动。

《中国共产党纪律处分条例》

第七十条 组织迷信活动的，给予撤销党内职务或者留党察看处分；情节严重的，给予开除党籍处分。

参加迷信活动或者个人搞迷信活动，造成不良影响的，给予警告或者严重警告处分；情节较重的，给予撤销党内职务或者留党察看处分；情节严重的，给予开除党籍处分。

对不明真相的参加人员，经批评教育后确有悔改表现的，可以免予处分或者不予处分。

二、违反组织纪律的行为

9. 谈话函询时不如实向组织说明问题[1]

案情介绍

2023年10月16日,某市纪委监委对该市三级调研员蔡某立案审查调查。经查,蔡某以购房名义在银行贷款120万元,实际上将贷款用于违规营利性活动。此前在接受组织函询时,他避重就轻,不如实向组织说明情况,企图蒙混过关。后经立案审查调查,不仅查实了上述问题,还发现其存在违反中央八项规定精神的问题。最终,蔡某违纪所得被全部收缴,并将面临严肃处理。

警示教育

谈话函询是处置问题线索的重要方式,也是落实监督执纪"四种形态"中第一种形态的重要抓手,体现了"把纪律挺在前面"的精神,目的是让被谈话函询的党

---

[1] 《对组织不忠诚不老实 难逃严肃处理 谈话函询不容敷衍》,载中央纪委国家监委网站,https://www.ccdi.gov.cn/yaowenn/202404/t20240408_339546.html,最后访问日期:2024年4月18日。

员干部本着对党忠诚老实的态度讲清问题，有利于组织进行准确研判，对苗头性、倾向性问题及时有效抓早抓小、防患于未然。

然而，一些党员干部在接受组织谈话函询时不如实说明问题，有的提供的说明材料不全面或质量不高，没有针对谈话函询问题进行回复；有的态度敷衍，对谈话函询中涉及的人和事简单以"不存在""不知情"作答，或以时间久远印象不深刻为由回复不详尽；有的抱有侥幸心理，避重就轻，企图说点小问题放过大问题；更有甚者通过精心设计"话术""剧本"、与相关关系人串供、将相关问题转嫁给亲友及特定关系人等，进行故意隐瞒。本案中，蔡某就抱有侥幸心理，在组织对其进行谈话函询时避重就轻，不如实向组织说明情况，企图蒙混过关，对组织给予的机会毫不珍惜，应追究其责任。

相关条款

《中国共产党纪律处分条例》

第八十一条 有下列行为之一，情节较重的，给予警告或者严重警告处分：

（一）违反个人有关事项报告规定，隐瞒不报；

（二）在组织进行谈话函询时，不如实向组织说明问题；

（三）不按要求报告或者不如实报告个人去向；

（四）不如实填报个人档案资料。

有前款第二项规定的行为，同时向组织提供虚假情况、掩盖事实的，依照本条例第六十三条规定处理。

……

第六十三条 对抗组织审查，有下列行为之一的，给予警告或者严重警告处分；情节较重的，给予撤销党内职务或者留党察看处分；情节严重的，给予开除党籍处分：

……

（四）向组织提供虚假情况，掩盖事实；

……

10. 组织、参加自发成立的老乡会、校友会等借机编织"关系网"，为党纪所不容[①]

案情介绍

李某，中共党员，A市某央企国有独资石油公司销

[①] 《如何追究违规组织、参加校友会行为的党纪责任》，载清廉长沙网站，http：//www.ljcs.gov.cn/h/32/20170104/21424.html，最后访问日期：2024年4月18日。

售分公司（以下简称销售公司）总经理。某年春节期间，在 A 市与 30 多名校友聚会，大吃大喝。借聚会之名，编织"关系网"。席间，李某违反规定与担任 A 市教育局副局长的校友刘某、A 市某民营公司经理的校友张某共同组织成立校友会，张某为会长，李某、刘某为副会长。同年 4 月，李某未经销售公司领导班子集体研究，擅自决定赞助该校友会 5 万元。

李某身为央企国有公司的党员领导干部，违规组织、参加自发成立的校友会，属于情节严重，构成违反有关规定组织、参加自发成立的老乡会、校友会、战友会等违纪行为。李某未经领导班子集体研究，擅自决定赞助了校友会，构成违反议事规则违纪行为，应合并处理追究其党纪责任。

警示教育

党员领导干部不得参加自发成立的老乡、校友、战友之间的各种联谊会之类的组织，不得担当这类联谊会的发起人和组织者，不得在这类联谊会中担任相应职务；不得借机编织"关系网"，搞亲亲疏疏、团团伙伙，更不得有"结盟""金兰结义"等行为。

本案中，李某作为党员领导干部，借聚会之名，大吃大喝，编织"关系网"，属于情节严重，构成违规组织、参加自发成立的老乡会、校友会、战友会等违纪行为。同时，依据《国有企业领导人员廉洁从业若干规定》第四条第七项的规定，李某作为国有企业领导人员，本应切实维护国家和出资人利益，但却未经企业领导班子集体研究，擅自决定赞助校友会，损害了国有资产权益，违犯组织纪律，构成违反议事规则违纪行为，应当追究其党纪责任。

需要注意的是，党员包括领导干部在正常范围内的老乡、校友、战友聚会并不违反党的纪律，只有违反规定组织、参加自发成立（未经民政部门登记注册）的老乡会、校友会、战友会等，借联谊、聚会之名，大吃大喝、挥霍浪费，编织"关系网"、拉"小圈子"，才有可能构成违纪。

相关条款

《中国共产党纪律处分条例》

第八十二条　党员领导干部违反有关规定组织、参加自发成立的老乡会、校友会、战友会等，情节严重的，给予警告、严重警告或者撤销党内职务处分。

《国有企业领导人员廉洁从业若干规定》

第四条 国有企业领导人员应当切实维护国家和出资人利益。不得有滥用职权、损害国有资产权益的下列行为：

……

（七）未经企业领导班子集体研究，决定捐赠、赞助事项，或者虽经企业领导班子集体研究但未经履行国有资产出资人职责的机构批准，决定大额捐赠、赞助事项；

……

11. 换届选举，拉票、助选等行为要不得[①]

🔊 案情介绍

2021年3月13日，某村委会成员苏某借选民登记培训会议之机，向各村民小组长提出村"两委"换届选

---

① 《定安：通报1起违反换届纪律典型案例》，载清廉海南网，https://www.hncdi.gov.cn/web/hnlzw/article.jsp?articleId=85d9a0fa-9a07-4dda-88df-20f3020eadb9，最后访问日期：2024年4月18日。

举两个方案,帮助自己及他人拉票,违反组织纪律,造成不良影响。2021年3月26日,苏某受到党内警告处分。

警示教育

通过宴请、安排消费活动,快递邮寄、电子红包、网上转账等方式赠送礼品礼金,以及打电话、发信息、当面拜访、委托他人出面等形式,在民主推荐和选举中搞拉票、串联、助选等非组织活动的,破坏了选举工作制度,触犯了纪律底线,应受到处分。

苏某拉票行为严重违反了村(社区)"两委"换届规定,破坏了选举秩序。广大党员干部要从中汲取教训,时刻绷紧换届纪律这根弦,依规依纪依法参与换届选举,坚决抵制说情打招呼、拉票贿选以及干扰、阻扰、破坏选举等违纪违法行为,自觉维护换届选举秩序。

相关条款

《中国共产党纪律处分条例》

第八十三条 有下列行为之一的,给予警告或者严重警告处分;情节较重的,给予撤销党内职务或者留党察看处分；情节严重的，给予开除党籍处分：

（一）在民主推荐、民主测评、组织考察和党内选举中搞拉票、助选等非组织活动；

（二）在法律规定的投票、选举活动中违背组织原则搞非组织活动，组织、怂恿、诱使他人投票、表决；

（三）在选举中进行其他违反党章、其他党内法规和有关章程活动。

搞有组织的拉票贿选，或者用公款拉票贿选的，从重或者加重处分。

《中国共产党地方组织选举工作条例》

第四十二条 加强党对地方组织选举工作的领导，把纪律和规矩挺在前面，坚持教育在先、警示在先、预防在先，严肃政治纪律、组织纪律和换届纪律，引导党员和代表正确行使民主权利，保证选举工作健康有序。

落实全面从严治党责任，严禁拉帮结派、拉票贿选、说情打招呼、违规用人、跑风漏气、干扰换届等违规违纪违法行为，强化监督检查和责任追究，营造良好政治生态，确保选举风清气正。

《中国共产党基层组织选举工作条例》

第三十五条 加强对党的基层组织选举工作的领导，坚持教育在先、警示在先、预防在先，严肃政治纪律、组织纪律以及换届工作纪律要求，强化制度意识、严格制度执行、维护制度权威，引导党员和代表正确行使民主权利，保证选举工作平稳有序。

落实全面从严治党责任，严禁拉帮结派、拉票贿选、跑风漏气等非组织行为，严防黑恶势力、宗族势力、宗教势力干扰破坏选举，强化监督检查和责任追究，确保选举工作风清气正。

12. 任人唯亲，埋下的是"定时炸弹"[①]

案情介绍

2018年4月、5月，某市供水总公司副总经理、党支部组织委员靳某平两次通过微信向时任某市供水总公司总经理白某某（另案处理）提出安排其女儿靳某某（营销部工作人员）为公司营销部抄表班班长，但未得到白某某同意。

[①] 《企图任人唯亲 兴仁一国企高管被查处》，载黔西南州纪委监委网站，http://www.qxnlz.gov.cn/lianzhengyaowen/lianzhengyaowen/2020-06-04/14862.html，最后访问日期：2024年4月18日。

2018年5月，因发现其女儿不在公司人事岗位调整名单内，靳某平利用职务便利向下属打招呼，企图以不盖章的方式暂缓发布公司人事任免文件。后经白某某过问，2018年7月该文件才得以印发。

2019年3月，公司召开党支部委员会议，靳某平再次提出提拔其女儿为公司营销部抄表班班长，但会议未研究决定。此后，靳某平又多次向公司班子成员提起提拔一事。

2019年5月，迫于靳某平多次提议，白某某安排公司党支部副书记李某某将靳某某任营销部抄表班班长一职，与已经会议研究决定同意的熊某某等人岗位调整一起行文进行公示。公示期间，某市供水总公司办公区出现多封举报信举报靳某某此次岗位调整属违规提拔。在此后召开的公司班子成员例会上，靳某平怀疑举报信是公司工程师王某指使他人举报的，在会上当面指责王某并发生口角，在公司造成不良影响。

2019年8月，因涉嫌违纪问题，靳某平被立案审查。

靳某平利用职务便利干预公司人事任用，在公示期间有信访举报又指责自己怀疑的举报人，造成不良影响，其行为违反了组织纪律。2019年12月，靳某平受到党内

严重警告处分。

警示教育

党的二十大报告指出,"坚持德才兼备、以德为先、五湖四海、任人唯贤,把新时代好干部标准落到实处。树立选人用人正确导向,选拔忠诚干净担当的高素质专业化干部"。领导干部要带头执行党的干部政策,不准任人唯亲、搞亲亲疏疏,不准封官许愿、跑风漏气、收买人心,不准个人为干部提拔任用打招呼、递条子。

违反组织纪律,任人唯亲,埋下的是"定时炸弹",终究会被引爆。本案中,靳某平把手中的权力当作牟取私利的工具,企图帮助其女儿晋升提拔,"任人唯亲、说情干预",最终受到了党纪的惩处。

相关条款

《中国共产党纪律处分条例》

第八十四条第一款 在干部选拔任用工作中,有任人唯亲、排斥异己、封官许愿、说情干预、跑官要官、突击提拔或者调整干部等违反干部选拔任用规定行为,对直接责任者和领导责任者,情节较轻的,给予警告或者严重警告处分;情节较重的,给予撤销党内职务或者留党察看处分；情节严重的，给予开除党籍处分。

《党政领导干部选拔任用工作条例》

第五十九条　选拔任用党政领导干部，必须严格执行本条例的各项规定，并遵守下列纪律：

（一）不准超职数配备、超机构规格提拔领导干部、超审批权限设置机构配备干部，或者违反规定擅自设置职务名称、提高干部职务职级待遇；

（二）不准采取不正当手段为本人或者他人谋取职务、提高职级待遇；

（三）不准违反规定程序动议、推荐、考察、讨论决定任免干部，或者由主要领导成员个人决定任免干部；

（四）不准私自泄露研判、动议、民主推荐、民主测评、考察、酝酿、讨论决定干部等有关情况；

（五）不准在干部考察工作中隐瞒或者歪曲事实真相；

（六）不准在民主推荐、民主测评、组织考察和选举中搞拉票、助选等非组织活动；

（七）不准利用职务便利私自干预下级或者原任职地区、系统和单位干部选拔任用工作；

（八）不准在机构变动，主要领导成员即将达到任职年龄界限、退休年龄界限或者已经明确即将离任时，突击提拔、调整干部；

（九）不准在干部选拔任用工作中任人唯亲、排斥异己、封官许愿、拉帮结派、搞团团伙伙、营私舞弊；

（十）不准篡改、伪造干部人事档案，或者在干部身份、年龄、工龄、党龄、学历、经历等方面弄虚作假。

13. 选拔任用不依法依规进行，用人失察失误[①]

案情介绍

2013年10月，某省林业厅原党组书记、厅长陈某在中央党校学习期间，经人介绍认识了时任某出版社发行部主任柳某，柳某表示想调到该省林业厅工作。之后，陈某将柳某给的个人履历交给林业厅人事教育处，并签批意见，请人教处根据柳某个人情况、林业厅岗位

---

① 《切实执行组织纪律 维护党的集中统一》，载中央纪委国家监委网站，https：//www.ccdi.gov.cn/toutiaon/201510/t20151023_91285.html，最后访问日期：2024年4月18日。

空缺及用人需求提出意见。

2013年11月20日，某林业厅人事教育处提出拟调任柳某为本厅社会保险中心副主任（正处级）的书面意见。次日，陈某主持召开林业厅党组会议，研究同意调柳某到林业厅社会保险中心任副主任。2014年3月18日，柳某到自治区林业厅报到上班。

经查，柳某2010年在担任某乡党委书记期间，因违反纪律被某市纪委给予撤销党内职务处分。之后柳某伪造个人档案材料，其中职务级别、工作经历、出生时间和入党、年度考核等情况都存在造假情况，涉嫌造假，被群众举报至中央巡视组，造成恶劣影响。柳某已于2015年1月被开除党籍、开除公职。陈某作为林业厅党组书记、厅长违反组织纪律，在选拔任用干部中不认真考察，选拔任用不符合条件的干部，用人失察失误，造成恶劣影响，终受到党纪严惩。

警示教育

党要管党，首先是要管好干部；从严治党，关键是从严治吏。用人失察失误行为在主观上是过失，即在选拔任用干部中没有认真履行职责，没有公开、公平、公正，没有依法依规进行，选拔任用了不符合条件的干部。

本案中，陈某和林业厅人事教育处在对柳某考察任用中，未对柳某的个人档案认真核查，未及时发现柳某存在档案造假等违纪违法情况，用人失察失误，给党、国家和人民利益造成严重损害，给党的声誉造成恶劣影响，应受到处分。

需要注意的是，用人失察失误的行为，造成严重后果的，才给予党纪处分；没有造成严重后果的，党组织可以给予批评教育、组织调整或者组织处理等。

相关条款

《中国共产党纪律处分条例》

第八十四条 在干部选拔任用工作中，有任人唯亲、排斥异己、封官许愿、说情干预、跑官要官、突击提拔或者调整干部等违反干部选拔任用规定行为，对直接责任者和领导责任者，情节较轻的，给予警告或者严重警告处分；情节较重的，给予撤销党内职务或者留党察看处分；情节严重的，给予开除党籍处分。

用人失察失误造成严重后果的，对直接责任者和领导责任者，依照前款规定处理。

《党政领导干部选拔任用工作条例》

第六十一条 实行党政领导干部选拔任用工作责任追究制度。凡用人失察失误造成严重后果的，本地区本部门用人上的不正之风严重、干部群众反映强烈以及对违反组织（人事）纪律的行为查处不力的，应当根据具体情况，严肃追究党委（党组）及其主要领导成员、有关领导成员、组织（人事）部门、纪检监察机关、干部考察组有关领导成员以及其他直接责任人的责任。

三、违反廉洁纪律的行为

14. 操办婚丧喜庆相关事宜，不能"任性"[①]

📢 案情介绍

夏某，中共党员，某乡副乡长。2020年9月，夏某在其子结婚时，邀请该乡政府5名下属参加婚宴，收受该5名下属所送礼金2.5万元。经查，夏某与上述5名下属没有礼尚往来。同时，夏某还邀请25名亲属参加婚宴，收取礼金3万元。夏某受到党内严重警告、政务记大过处分，违规收受的礼金2.5万元被收缴。

📢 警示教育

违规操办婚丧喜庆事宜是违反中央八项规定精神的突出表现之一，党的十八大以来各级纪检监察机关严肃查处此类违纪行为，取得了显著成效。但由于受传统习俗等各种因素的影响，个别党员干部依然心存侥幸、知错犯错、知纪违纪，导致此类问题仍然较为突出，而且

[①] 夏某违规操办其子婚庆事宜案，中央纪委国家监委2021年执纪执法指导性案例第2号，总第2号。

出现了化整为零多次操办、"退居幕后"遥控办或者表面循规蹈矩、私下广发通知,"暗度陈仓"违规办等各种隐形变异现象。

本案中,夏某作为副乡长,邀请与其没有礼尚往来的5名下属参加其子婚宴并收受礼金2.5万元,可以认定为"利用职权或者职务上的影响"操办婚庆事宜,因此纪检监察机关依纪依法收缴了夏某违规收受5名下属所送的礼金2.5万元。

相关条款

《中国共产党纪律处分条例》

第四条 党的纪律处分工作遵循下列原则:

(一)坚持党要管党、全面从严治党。把严的基调、严的措施、严的氛围长期坚持下去,加强对党的各级组织和全体党员的教育、管理和监督,把纪律挺在前面,抓早抓小、防微杜渐。

(二)党纪面前一律平等。对违犯党纪的党组织和党员必须严肃、公正执行纪律,党内不允许有任何不受纪律约束的党组织和党员。

(三)实事求是。对党组织和党员违犯党纪的行为,应当以事实为依据,以党章、其他党内法规和国家法律法规为准绳，执纪执法贯通，准确认定行为性质，区别不同情况，恰当予以处理。

（四）民主集中制。实施党纪处分，应当按照规定程序经党组织集体讨论决定，不允许任何个人或者少数人擅自决定和批准。上级党组织对违犯党纪的党组织和党员作出的处理决定，下级党组织必须执行。

（五）惩前毖后、治病救人。处理违犯党纪的党组织和党员，应当实行惩戒与教育相结合，做到宽严相济。

第二十条 有下列情形之一的，应当从重或者加重处分：

（一）强迫、唆使他人违纪；

（二）拒不上交或者退赔违纪所得；

（三）违纪受处分后又因故意违纪应当受到党纪处分；

（四）违纪受处分后，又被发现其受处分前没有交代的其他应当受到党纪处分的问题；

（五）党内法规规定的其他从重或者加重处分情形。

第四十三条第一款 对于违纪行为所获得的经济利益，应当收缴或者责令退赔。对于主动上交的违纪所得和经济损失赔偿，应当予以接收，并按照规定收缴或者返还有关单位、个人。

第一百条 利用职权或者职务上的影响操办婚丧喜庆事宜，造成不良影响的，给予警告或者严重警告处分；情节严重的，给予撤销党内职务处分；借机敛财或者有其他侵犯国家、集体和人民利益行为的，从重或者加重处分，直至开除党籍。

《中华人民共和国公职人员政务处分法》

第四条 给予公职人员政务处分，坚持党管干部原则，集体讨论决定；坚持法律面前一律平等，以事实为根据，以法律为准绳，给予的政务处分与违法行为的性质、情节、危害程度相当；坚持惩戒与教育相结合，宽严相济。

第十三条 公职人员有下列情形之一的，应当从重给予政务处分：

（一）在政务处分期内再次故意违法，应当受到政务处分的；

（二）阻止他人检举、提供证据的；

（三）串供或者伪造、隐匿、毁灭证据的；

（四）包庇同案人员的；

（五）胁迫、唆使他人实施违法行为的；

（六）拒不上交或者退赔违法所得的；

（七）法律、法规规定的其他从重情节。

第二十五条第一款　公职人员违法取得的财物和用于违法行为的本人财物，除依法应当由其他机关没收、追缴或者责令退赔的，由监察机关没收、追缴或者责令退赔；应当退还原所有人或者原持有人的，依法予以退还；属于国家财产或者不应当退还以及无法退还的，上缴国库。

第三十三条　有下列行为之一的，予以警告、记过或者记大过；情节较重的，予以降级或者撤职；情节严重的，予以开除：

……

（二）利用职权或者职务上的影响为本人或者他人谋取私利的；

……

15. 公款吃喝、违规接受宴请不是小事情[①]

📢 案情介绍

王某，中共党员，某县住房和城乡建设局局长。2021年2月19日晚，王某召集本单位5名干部在该县某酒店聚餐，要求按照人均1000元的标准安排餐饮，所花费的6000元以公车加油费、维护保养费等名目列入该局"三公"经费中予以报销。3月21日晚，王某在该县房地产开发商张某经营的日本料理店接受宴请，享受每人定价1888元的套餐。王某受到党内严重警告处分，被责令退赔公款吃喝费用1000元，被收缴接受可能影响公正执行公务的宴请费用1888元。同时，参加公款吃喝的其他5名干部受到了批评教育，并被责令退赔相关费用5000元。

[①] 王某组织公款吃喝并违规接受宴请案，中央纪委国家监委2021年执纪执法指导性案例第3号，总第3号。

警示教育

公款吃喝、违规接受宴请等行为除浪费国家资财或者可能影响公正执行公务外，还严重破坏党风政风和社会风气，损害党和政府的形象。实践中，有的党员干部虚列开支公款报销违规吃喝费用，这是典型的违反中央八项规定精神隐形变异问题，性质恶劣，应加大查处力度，予以严肃处理。

本案中，王某的违规吃喝问题主要表现在《中国共产党纪律处分条例》规定的"违反有关规定组织、参加用公款支付的宴请"和"接受可能影响公正执行公务的宴请"两个方面。在涉案财物处置上，纪检监察机关根据具体案情，在准确认定王某应负担的公款吃喝费用和接受私营企业主宴请时所对应的餐饮费用的基础上，责令王某退赔公款吃喝的相关费用1000元，收缴王某接受私营企业主宴请的费用1888元；同时，参加公款吃喝的其他5名干部受到了批评教育，并被责令退赔相关费用。

相关条款

《中国共产党纪律处分条例》

第四十三条第一款 对于违纪行为所获得的经济利

益，应当收缴或者责令退赔。对于主动上交的违纪所得和经济损失赔偿，应当予以接收，并按照规定收缴或者返还有关单位、个人。

第一百零一条 接受、提供可能影响公正执行公务的宴请或者旅游、健身、娱乐等活动安排，情节较重的，给予警告或者严重警告处分；情节严重的，给予撤销党内职务或者留党察看处分。

第一百一十三条 违反有关规定组织、参加用公款支付的宴请、娱乐、健身活动，或者用公款购买赠送或者发放礼品、消费卡（券）等，对直接责任者和领导责任者，情节较轻的，给予警告或者严重警告处分；情节较重的，给予撤销党内职务或者留党察看处分；情节严重的，给予开除党籍处分。

《中华人民共和国公职人员政务处分法》

第二十五条第一款 公职人员违法取得的财物和用于违法行为的本人财物，除依法应当由其他机关没收、追缴或者责令退赔的，由监察机关没收、追缴或者责令退赔；应当退还原所有人或者原持有人的，依法予以退还；属于国家财产或者不应当退还以及无法退还的，上缴国库。

第三十四条第二款 向公职人员及其特定关系人赠

送可能影响公正行使公权力的礼品、礼金、有价证券等财物,或者接受、提供可能影响公正行使公权力的宴请、旅游、健身、娱乐等活动安排,情节较重的,予以警告、记过或者记大过;情节严重的,予以降级或者撤职。

第三十五条 有下列行为之一,情节较重的,予以警告、记过或者记大过;情节严重的,予以降级或者撤职:

……

(三)违反规定公款消费的。

16. 退休之后收到请柬,别急着去赴宴[①]

案情介绍

张某,中共党员,某县生态环境局党组成员、副局长,2018年10月退休。2019年1月以来,张某在春节、端午节、中秋节和生日期间,先后10余次接受该县私

[①] 张某退休后违规接受宴请案,中央纪委国家监委2021年执纪执法指导性案例第4号,总第4号。

营企业主王某、李某、赵某等人（均系张某任生态环境局党组成员、副局长期间的管理服务对象）安排的宴请，并饮用茅台酒等高档酒水，食用高档菜肴。2021年3月，张某受到党内警告处分。

警示教育

吃喝问题绝非小事小节，而是关系党在人民群众心目中形象的"大政治"，对退休党员干部也不例外。党的十八大以来，各级纪检监察机关重拳出击，"舌尖上的腐败"得到有效遏制。在持续高压态势下，一些党员领导干部在职期间有所收敛，但在退休后又故态复萌，肆无忌惮接受各种宴请，成为"四风"问题隐形变异的新表现。

张某虽已退休，但仍具有党员身份，特别是曾经担任过领导职务，在当地仍具有一定的影响力，更应带头严于律己，严格遵守党的纪律和中央八项规定精神。张某的退休时间在党的十九大之后，中央对于严格落实中央八项规定精神、毫不松懈纠治"四风"的要求已经非常明确，但其仍然不知敬畏，多次接受退休前管理服务对象的宴请。张某的上述行为违反了中央八项规定精神。同时，鉴于张某已经退休，不再具有公职人员身份，应适用《中国共产党纪律处分条例》第一百二十一条（廉洁纪律兜底条款）之规定处理。

此外，一些党员领导干部在退休后不仅违规接受宴请，还收受退休前管理服务对象的礼品礼金，有的甚至借助于"攒饭局"等方式，利用原职权或者地位形成的便利条件，大搞所谓的"居中协调"，通过其他国家工作人员职务上的行为，为请托人谋取不正当利益，索取或者收受请托人数额较大的财物。对于党员领导干部在退休后违规收受礼品礼金的问题，同样应适用《中国共产党纪律处分条例》第一百二十一条（廉洁纪律兜底条款）之规定予以处理，并依规依纪收缴其违纪所得；对于涉嫌受贿犯罪或者利用影响力受贿犯罪的，则应适用《中国共产党纪律处分条例》第二十九条这一纪法衔接条款的规定，依纪依法予以严肃处理。

相关条款

《中国共产党纪律处分条例》

第二十九条 党组织在纪律审查中发现党员有贪污贿赂、滥用职权、玩忽职守、权力寻租、利益输送、徇私舞弊、浪费国家资财等违反法律涉嫌犯罪行为的，应当给予撤销党内职务、留党察看或者开除党籍处分。

第一百二十一条 有其他违反廉洁纪律规定行为的,应当视具体情节给予警告直至开除党籍处分。

17. 对财政惠民惠农补贴资金"跑冒滴漏"①

📢 案情介绍

崔某,中共党员,某乡某村原党支部书记、村民委员会主任。2019年3月至2020年9月,崔某在协助县、乡人民政府发放本村财政惠民惠农补贴资金中的退耕还林还草直补退耕农户资金的过程中,以其女儿的名义,弄虚作假,编造退耕还林还草亩数,骗领财政补贴资金8000元并据为己有。同时,崔某在担任村党支部书记、村民委员会主任期间,借逢年过节之机,收受3名村集体经济合作社成员礼金1.2万元。2021年6月,崔某受到撤销党内职务处分,对其违纪违法所得2万元予以收缴;建议乡人民政府责令其辞去该村村民委员会主任职务,拒不辞职的,依法罢免其村民委员会主任职务,停

---

① 崔某骗领财政惠民惠农补贴资金案,中央纪委国家监委2021年执纪执法指导性案例第6号,总第6号。

止发放其补贴、奖金。2021年7月，崔某辞去了该村村民委员会主任职务。

警示教育

群众身边腐败和不正之风，严重破坏党和政府在群众心目中的形象，蚕食群众获得感幸福感，侵蚀党心民心。习近平总书记在十九届中央纪委五次全会上明确指出，"要持续整治群众身边腐败和作风问题，让群众在反腐'拍蝇'中增强获得感"、要"紧盯扶贫环保等领域腐败和不正之风，解决好群众的'急难愁盼'问题，让人民群众感受到公平正义"。

崔某作为基层群众性自治组织中从事管理的人员，利用其协助县、乡人民政府从事相关行政管理工作的职务便利，以其女儿的名义骗领财政惠民惠农补贴资金并占为己有，该行为的最终受益人是崔某自己。因此，崔某的行为构成贪污，属于职务违法，不属于违反群众纪律性质。结合本案具体情况，应当给予崔某撤销党内职务处分；同时建议乡人民政府责令其辞去该村村民委员会主任职务，拒不辞职的，依法罢免其村民委员会主任职务。

相关条款

《中国共产党纪律处分条例》

第十一条第一款 撤销党内职务处分，是指撤销受处分党员由党内选举或者组织任命的党内职务。对于在党内担任两个以上职务的，党组织在作处分决定时，应当明确是撤销其一切职务还是一个或者几个职务。如果决定撤销其一个职务，必须撤销其担任的最高职务。如果决定撤销其两个以上职务，则必须从其担任的最高职务开始依次撤销。对于在党外组织担任职务的，应当建议党外组织撤销其党外职务。

第三十一条 党组织在纪律审查中发现党员严重违纪涉嫌违法犯罪的，原则上先作出党纪处分决定，并按照规定由监察机关给予政务处分或者由任免机关（单位）给予处分后，再移送有关国家机关依法处理。

第四十三条第一款 对于违纪行为所获得的经济利益，应当收缴或者责令退赔。对于主动上交的违纪所得和经济损失赔偿，应当予以接收，并按照规定收缴或者返还有关单位、个人。

第九十七条第一款 收受可能影响公正执行公务的礼品、礼金、消费卡（券）和有价证券、股权、其他金融产品等财物，情节较轻的，给予警告或者严重警告处分；情节较重的，给予撤销党内职务或者留党察看处分；情节严重的，给予开除党籍处分。

第一百二十四条 在社会保障、社会救助、政策扶持、救灾救济款物分配等事项中优亲厚友、明显有失公平的，给予警告或者严重警告处分；情节较重的，给予撤销党内职务或者留党察看处分；情节严重的，给予开除党籍处分。

《中华人民共和国监察法》

第十五条 监察机关对下列公职人员和有关人员进行监察：

......

（五）基层群众性自治组织中从事管理的人员；

......

《中华人民共和国公职人员政务处分法》

第二十二条 基层群众性自治组织中从事管理的人员有违法行为的，监察机关可以予以警告、记过、记大过。

基层群众性自治组织中从事管理的人员受到政务处分的，应当由县级或者乡镇人民政府根据具体情况减发或者扣发补贴、奖金。

第二十五条第一款 公职人员违法取得的财物和用于违法行为的本人财物，除依法应当由其他机关没收、追缴或者责令退赔的，由监察机关没收、追缴或者责令退赔；应当退还原所有人或者原持有人的，依法予以退还；属于国家财产或者不应当退还以及无法退还的，上缴国库。

第三十三条 有下列行为之一的，予以警告、记过或者记大过；情节较重的，予以降级或者撤职；情节严重的，予以开除：

（一）贪污贿赂的；

……

第三十四条第一款 收受可能影响公正行使公权力的礼品、礼金、有价证券等财物的，予以警告、记过或者记大过；情节较重的，予以降级或者撤职；情节严重的，予以开除。

《农村基层干部廉洁履行职责若干规定（试行）》

第二十一条 村党组织领导班子成员有违反本规定第二章所列行为的，视情节轻重，由有关机关、部门依照职责权限给予警示谈话、责令公开检讨、通报批评、停职检查、责令辞职、免职等处理。

应当追究党纪责任的，依照《中国共产党纪律处分条例》给予相应的党纪处分。

涉嫌犯罪的，移送司法机关依法处理。

第二十二条 村民委员会成员有违反本规定第二章所列行为的，视情节轻重，由有关机关、部门依照职责权限给予警示谈话、责令公开检讨、通报批评、取消当选资格等处理或者责令其辞职，拒不辞职的，依照《中华人民共和国村民委员会组织法》的规定予以罢免。

对其中的党员，应当追究党纪责任的，依照《中国共产党纪律处分条例》给予相应的党纪处分。

涉嫌犯罪的，移送司法机关依法处理。

第二十三条 农村基层干部违反本规定获取的不正当经济利益，应当依法予以没收、追缴或者责令退赔；给国家、集体或者村民造成损失的，应当依照有关规定承担赔偿责任。

第二十四条 村党组织领导班子成员和村民委员会成员受到本规定第二十一条、第二十二条处理的，由县（市、区、旗）或者乡镇党委和政府按照规定减发或者扣发绩效补贴（工资）、奖金。

18. 公车私用、私车公养，"驶不得"[①]

📢 案情介绍

沈某，中共党员，某市委组织部常务副部长（正县级）。2018年12月至2020年8月，沈某在已领取公务交通补贴的情况下，先后多次要求司机驾驶公车接送其打网球、接送其在外省上大学的女儿往返学校与家中等。2020年1月至2021年3月，沈某利用单位公务加油卡未绑定公车的漏洞，借驾驶公车开展公务之机，多次使用公务加油卡为其2辆私车加油，累计花费5500元。2021年8月，沈某受到党内严重警告和政务降级处分，违纪违法所得5500元予以追缴并返还该市委组织部；同时，给予其调整职务处理。

📢 警示教育

随着公车改革的深入推进，各地公车管理制度不断

[①] 沈某公车私用、私车公养案，中央纪委国家监委2021年执纪执法指导性案例第7号，总第7号。

规范，"公车私用"问题得到了有力遏制，但"私车公养"问题开始抬头。"私车公养"问题通常涉案金额不大，但本质是化公为私、贪污侵占的腐败问题，与"公车私用"不同，已经由风变腐。

实践中，"私车公养"问题存在多种表现形式，如"私油公供""私车公修""私票公报"等，每种表现形式又分化出多种不同的违纪违法手段。如"私油公供"可表现为利用管理和使用公车的职务便利，使用公务加油卡为本人的私车加油，或者加完油后以公车的名义在本单位报销，也可表现为将本人使用私车所产生的油费交由下属单位支付、报销等。

本案中，沈某"公车私用"的行为违反了中央八项规定精神，应当依照《中国共产党纪律处分条例》第一百一十七条和《中华人民共和国公职人员政务处分法》第三十五条第二项规定予以处理；沈某"私车公养"本质上是将公款据为己有的贪污侵占、化公为私的腐败行为。由于沈某"私车公养"行为所涉金额尚未达到刑事追诉标准，应当依照《中国共产党纪律处分条例》第二十九条、《中华人民共和国公职人员政务处分法》第三十三条第一款第一项之规定，追究其纪律责任和监察责任。如果所涉金额已达到刑事追诉标准，涉嫌职务犯罪的，在追究其纪律责任和监察责任的同时，还应当移送司法机关追究其刑事责任。

相关条款

《中国共产党纪律处分条例》

第二十九条 党组织在纪律审查中发现党员有贪污贿赂、滥用职权、玩忽职守、权力寻租、利益输送、徇私舞弊、浪费国家资财等违反法律涉嫌犯罪行为的，应当给予撤销党内职务、留党察看或者开除党籍处分。

第三十条第一款 党组织在纪律审查中发现党员有刑法规定的行为，虽不构成犯罪但须追究党纪责任的，或者有其他破坏社会主义市场经济秩序、违反治安管理等违法行为，损害党、国家和人民利益的，应当视具体情节给予警告直至开除党籍处分。

第一百一十七条 违反有关规定配备、购买、更换、装饰、使用公务交通工具或者有其他违反公务交通工具管理规定的行为，对直接责任者和领导责任者，情节较重的，给予警告或者严重警告处分；情节严重的，给予撤销党内职务或者留党察看处分。

《中华人民共和国公职人员政务处分法》

第三十三条 有下列行为之一的，予以警告、记过或者记大过；情节较重的，予以降级或者撤职；情节严重的，予以开除：

（一）贪污贿赂的；

……

第三十五条 有下列行为之一，情节较重的，予以警告、记过或者记大过；情节严重的，予以降级或者撤职：

……

（二）违反规定，在公务接待、公务交通、会议活动、办公用房以及其他工作生活保障等方面超标准、超范围的；

……

《中国共产党组织工作条例》

第四十一条 组织部门应当强化政治机关意识，带头发扬党的光荣传统和优良作风，带头增强"四个意识"、坚定"四个自信"、做到"两个维护"，坚持以党的政治建设为统领，深入推进从严治部、从严律己、从严带队伍，努力建设讲政治、重公道、业务精、作风好的模范部门，让党中央放心、让党员干部人才信赖、让人民群众满意。

加强组工干部队伍建设，强化政治纪律和政治规矩教育，严守组织人事纪律和保密纪律，坚持清正廉洁，着力提升专业化能力，确保政治上绝对可靠、对党绝对忠诚。

《中国共产党组织处理规定（试行）》

第六条 党委（党组）及其组织（人事）部门按照干部管理权限履行组织处理职责。

有关机关、单位在执纪执法、日常管理监督等工作中发现领导干部存在需要进行组织处理的情形，应当向党委（党组）报告，或者向组织（人事）部门提出建议。

第七条 领导干部在政治表现、履行职责、工作作风、遵守组织制度、道德品行等方面，有苗头性、倾向性或者轻微问题，以批评教育、责令检查、诫勉为主，存在以下情形之一且问题严重的，应当受到组织处理：

……

（十五）违反中央八项规定精神、廉洁从政有关规定的；

……

（十七）其他应当受到组织处理的情形。

第八条 组织处理可以单独使用，也可以和党纪政务处分合并使用。

19. 别动"吃公函"的歪心思①

🔊 案情介绍

姚某，中共党员，A省B市文化市场综合执法支队党总支书记、支队长。2020年12月至2021年3月，姚某等人5次参加该支队组织的超标准公务接待，饮用高档酒水，且每次公务接待均提供高档香烟，共计超标准支出25590元。事后，为处理超标准公务接待费用，经姚某同意，该支队向外单位索要多份"空白公函"，虚构接待事项，将上述费用25590元在本单位报销。2021年7月，姚某使用"空白公函"虚列接待事由和人数，将其私人用餐费用共计4327元在本单位报销。2022年4月，姚某受到党内严重警告、政务记大过处分，违纪违法所得4327元予以责令退赔。同时，责令提供和接受超标准公务接待的姚某等人，按照各自应承担的份额，分别退赔违纪所得共计25590元。

---

① 姚某使用"空白公函"报销案，中央纪委国家监委2022年执纪执法指导性案例第1号，总第8号。

警示教育

党的十八大以来,以习近平同志为核心的党中央推进全面从严治党从落实中央八项规定精神破题,党风政风为之焕然一新。纪检监察机关紧盯公款吃喝等突出问题,"舌尖上的腐败"得到有效整肃,但使用"空白公函""虚假公函"搞违规吃喝,以及"一函多吃"等隐形变异问题开始抬头。使用"空白公函"报销个人费用的行为,本质上是化公为私、贪污侵占的腐败问题,已经由风变腐,必须下大气力予以整治。

实践中,"吃公函"问题的主要表现是:一是无公函接待,即接待单位对未出具公函的公务活动来访人员予以接待,并使用公款支付接待费用。二是"一函多吃",即同一接待单位对出具一份公函的公务活动来访人员,安排多次工作餐。三是通过使用"空白公函"等方式,套取资金违规发放津贴补贴,解决违规接待、公款旅游等费用。

本案中,姚某作为本单位主要负责人,明知私人用餐费用应由个人承担,仍以非法占有公共财物为目的,利用其担任"一把手"职务上的便利,使用"空白公函"在本单位报销私人用餐费用4327元。姚某的上述行为，不仅侵害了公共财物所有权，也侵害了公职人员的职务廉洁性，其行为本质是化公为私、贪污侵占的腐败问题，已经由风变腐，应予严肃处理。鉴于其贪腐行为尚未达到刑事追诉标准，应当依照《中国共产党纪律处分条例》第三十条第一款、《中华人民共和国公职人员政务处分法》第三十三条第一款第一项规定，追究其纪律责任和监察责任。

相关条款

《中国共产党纪律处分条例》

第三十条第一款　党组织在纪律审查中发现党员有刑法规定的行为，虽不构成犯罪但须追究党纪责任的，或者有其他破坏社会主义市场经济秩序、违反治安管理等违法行为，损害党、国家和人民利益的，应当视具体情节给予警告直至开除党籍处分。

第四十三条第一款　对于违纪行为所获得的经济利益，应当收缴或者责令退赔。对于主动上交的违纪所得和经济损失赔偿，应当予以接收，并按照规定收缴或者返还有关单位、个人。

第一百一十四条　违反有关规定自定薪酬或者滥发津贴、补贴、奖金、福利等，对直接责任者和领导责任者，情节较轻的，给予警告或者严重警告处分；情节较重的，给予撤销党内职务或者留党察看处分；情节严重的，给予开除党籍处分。

第一百一十五条 有下列行为之一，对直接责任者和领导责任者，情节较轻的，给予警告或者严重警告处分；情节较重的，给予撤销党内职务或者留党察看处分；情节严重的，给予开除党籍处分：

（一）公款旅游或者以学习培训、考察调研、职工疗养等为名变相公款旅游；

（二）改变公务行程，借机旅游；

（三）参加所管理企业、下属单位组织的考察活动，借机旅游。

以考察、学习、培训、研讨、招商、参展等名义变相用公款出国（境）旅游的，对直接责任者和领导责任者，依照前款规定处理。

第一百一十六条 违反接待管理规定，超标准、超范围接待或者借机大吃大喝，对直接责任者和领导责任者，情节较重的，给予警告或者严重警告处分；情节严重的，给予撤销党内职务处分。

第一百二十一条 有其他违反廉洁纪律规定行为的，应当视具体情节给予警告直至开除党籍处分。

《党政机关厉行节约反对浪费条例》

第二十条 党政机关应当建立公务接待审批控制制度，对无公函的公务活动不予接待，严禁将非公务活动纳入接待范围。

第五十八条 有下列情形之一的，追究相关人员的责任：

……

（四）违反管理规定超标准或者以虚假事项开支的；

（五）利用职务便利假公济私的；

……

第六十条 违反本条例规定造成浪费的，根据情节轻重，由有关部门依照职责权限给予批评教育、责令作出检查、诫勉谈话、通报批评或者调离岗位、责令辞职、免职、降职等处理。

应当追究党纪政纪责任的，依照《中国共产党纪律处分条例》、《行政机关公务员处分条例》等有关规定给予相应的党纪政纪处分。

涉嫌违法犯罪的，依法追究法律责任。

第六十一条 违反本条例规定获得的经济利益，应当予以收缴或者纠正。

违反本条例规定，用公款支付、报销应由个人支付的费用，应当责令退赔。

《中华人民共和国公职人员政务处分法》

第二十五条第一款 公职人员违法取得的财物和用于违法行为的本人财物，除依法应当由其他机关没收、追缴或者责令退赔的，由监察机关没收、追缴或者责令退赔；应当退还原所有人或者原持有人的，依法予以退还；属于国家财产或者不应当退还以及无法退还的，上缴国库。

第三十三条 有下列行为之一的，予以警告、记过或者记大过；情节较重的，予以降级或者撤职；情节严重的，予以开除：

（一）贪污贿赂的；

……

第三十五条 有下列行为之一，情节较重的，予以警告、记过或者记大过；情节严重的，予以降级或者撤职：

（一）违反规定设定、发放薪酬或者津贴、补贴、奖金的；

（二）违反规定，在公务接待、公务交通、会议活动、办公用房以及其他工作生活保障等方面超标准、超范围的；

（三）违反规定公款消费的。

第三十九条 有下列行为之一，造成不良后果或者影响的，予以警告、记过或者记大过；情节较重的，予以降级或者撤职；情节严重的，予以开除：

……

（四）工作中有弄虚作假，误导、欺骗行为的；

……

第四十一条 公职人员有其他违法行为，影响公职人员形象，损害国家和人民利益的，可以根据情节轻重给予相应政务处分。

20. 反对任何滥用职权、谋求私利的行为[1]

🔊 案情介绍

颜某某在担任某县委常委、副县长期间，在该县城建投某道路项目中，为帮助其弟颜某生及合作老板万某

---

[1]《收受干股 单位行贿 对抗调查 这起"提篮子"案例为何典型》，载中央纪委国家监委网站，https://www.ccdi.gov.cn/toutiaon/201904/t20190416_95038.html，最后访问日期：2024年4月18日。

某减少竞争对手，通过更改项目报名条款，在融资报名时提高保证金门槛，允许两人在县城范围内随意选地，强行要求县城建投让出土地等方式，为颜某生、万某某谋取不正当利益。在该县经开区道路项目中，同样的手段被复制，甚至变本加厉，颜某某通过提高报名、保证金门槛，提高限期缴纳出让金比例，借用1000万元公款做竞拍保证金等方式，为颜某生、吕某某谋取不正当利益，并且在未实际出资的情况下收取"股份利润"，共计3300余万元。后颜某某被开除党籍、开除公职并移送检察机关审查起诉。

警示教育

权力是人民赋予的，要严以用权，为人民用好权，让权力在阳光下运行。严以用权，就是要坚持用权为民，按规则、按制度行使权力，把权力关进制度的笼子里，任何时候都不搞特权、不以权谋私。习近平总书记在二十届中央纪委三次全会上指出，深入开展党性党风党纪教育，传承党的光荣传统和优良作风，激发共产党员崇高理想追求，把以权谋私、贪污腐败看成是极大的耻辱。

颜某某利用职权或者职务上的影响，"量身定制"

显失公平的投资协议，为颜某生、吕某某提供全程"保姆式"服务，这种行为破坏了市场秩序，也严重损害了党和政府的形象。

相关条款

《中国共产党纪律处分条例》

第九十四条 党员干部必须正确行使人民赋予的权力，清正廉洁，反对特权思想和特权现象，反对任何滥用职权、谋求私利的行为。

利用职权或者职务上的影响为他人谋取利益，本人的配偶、子女及其配偶等亲属和其他特定关系人收受对方财物，情节较重的，给予警告或者严重警告处分；情节严重的，给予撤销党内职务、留党察看或者开除党籍处分。

第九十五条 相互利用职权或者职务上的影响为对方及其配偶、子女及其配偶等亲属、身边工作人员和其他特定关系人谋取利益搞权权交易的，给予警告或者严重警告处分；情节较重的，给予撤销党内职务或者留党察看处分；情节严重的，给予开除党籍处分。

第九十六条 纵容、默许配偶、子女及其配偶等亲属、身边工作人员和其他特定关系人利用党员干部本人职权或者职务上的影响谋取私利，情节较轻的，给予警告或者严重警告处分；情节较重的，给予撤销党内职务或者留党察看处分；情节严重的，给予开除党籍处分。

党员干部的配偶、子女及其配偶等亲属和其他特定关系人不实际工作而获取薪酬或者虽实际工作但领取明显超出同职级标准薪酬，党员干部知情未予纠正的，依照前款规定处理。

21. 收受可能影响公正执行公务的礼品礼金[①]

案情介绍

某街道查违办工作人员谢某某（中共党员）和王某某在某村日常巡查时发现了一栋违章建筑，并进行了现场拍照、口头要求停建。当日，违建当事人李某到街道查违办单独找到谢某某求情，希望谢某某能隐瞒其违建的事实不上报，并表示愿意感谢他，谢某某当时答应愿

---

① 《收受影响公正执行公务的礼品礼金 不能网开一面》，载中央纪委国家监委网站，http://m.ccdi.gov.cn/content/5d/96/11524.html?ivk_sa=1024320u&wd=&eqid=8209cea60008f1d9000000066465bc66，最后访问日期：2024年4月18日。

意帮忙。

经双方电话约定，谢某某开私家车到该村与李某会面，李某将1万元现金和价值2200元人民币的10条香烟放到谢某某车上表示感谢。谢某某收下礼金礼品后，没有将李某违建事实向街道办事处分管查违的领导汇报。

区查违办接到群众电话举报李某违章建房后，由区查违办牵头，多部门联合执法，对李某的违章房屋进行了强制拆除。违章房屋被拆除后，李某多次向谢某某提出收回钱物的要求，谢某某于是将1万元现金和10条香烟退还了李某本人。

后来，区纪委监委接到实名举报，反映某街道查违办工作人员谢某某利用职务之便收受贿赂。区纪委监委高度重视，立即对问题进行调查，查明谢某某收受李某礼品礼金问题属实，构成违反廉洁纪律行为，在群众中造成了不良影响，区纪委监委给予谢某某留党察看二年处分。

警示教育

党中央以钉钉子精神持续推进作风建设，但"四风"问题仍然顽固复杂，顶风违纪问题时有发生，隐形变异行为潜滋暗长。实践中，一些党员干部存在一些思想误区，认为只要收受的礼金不影响公正执行公务，便没啥大不了的。殊不知，一些人为了搞长线的感情投资，利用逢年过节等时机拉拢腐蚀党员干部，将其送礼行为蒙上温情脉脉的面纱，长此以往，会逐渐变成"温水煮青蛙"，在送礼的人有求于他时，就不好拒绝，从而一步步迈向违纪违法的深渊。因此，党员干部在正常的社会交往和礼尚往来中，要交往有度、交往有节。

相关条款

《中国共产党纪律处分条例》

第九十七条 收受可能影响公正执行公务的礼品、礼金、消费卡（券）和有价证券、股权、其他金融产品等财物，情节较轻的，给予警告或者严重警告处分；情节较重的，给予撤销党内职务或者留党察看处分；情节严重的，给予开除党籍处分。

收受其他明显超出正常礼尚往来的财物的，依照前款规定处理。

第九十八条 向从事公务的人员及其配偶、子女及其配偶等亲属和其他特定关系人赠送明显超出正常礼尚往来的礼品、礼金、消费卡（券）和有价证券、股权、其他金融产品等财物，情节较重的，给予警告或者严重警告处分；情节严重的，给予撤销党内职务或者留党察看处分。

以讲课费、课题费、咨询费等名义变相送礼的，依照前款规定处理。

22. 违规从事营利活动[①]

🔊 案情介绍

2006年至2023年，邓某某在担任A市银监分局、B市银监分局、C市银保监分局党委书记、局长期间，以老乡邓某某、堂妹夫彭某某名义投资397.96万元先后入股2家农商银行和1家村镇银行，违规获利179万余元。2014年至2023年，邓某某以本人和特定关系人周某名义向管理服务对象王某某、谢某某提供借款90万元，违规获利111万元。邓某某还存在其他严重违纪

[①] 《湖南通报6起领导干部利用职权或影响力为亲友牟利典型案例》，载三湘风纪网，http://www.sxfj.gov.cn/jing_ cai_ zhuan_ ti/zhuan_ xiang_ jian_ du_ 1/481151828107333.shtml，最后访问日期：2024年4月17日。

违法问题。2023年8月，邓某某受到开除党籍、开除公职处分，违纪违法所得被追缴，涉嫌犯罪问题被移送检察机关依法审查起诉。

警示教育

当官就不要发财，发财就不要当官。一些党员干部丧失理想信念，背离初心使命，践踏纪法底线，把组织赋予的权力当成谋私贪腐的工具。有的"零元持股、稳赚不赔"，利用职权或影响力为不法商人在工程项目上给予特殊关照，背后不用真实出资却实际持有项目公司股份参与分红，大搞政商勾连，谋取巨额利益；有的"政商合体、一家两制"，利用职权承揽工程，创办实体招揽业务，违规从事经营性活动，谋求当官发财两不误；有的"直接入股、搭车赚钱"，以个人名义投资入股管理服务对象经营的公司或工程项目，背后约定"超常规"分红，以投资理财之名掩盖权钱交易之实；有的"隐形入股、他人代持"，利用亲友或特定关系人持有非上市公司股份，披着"市场外衣"搞幕后操纵，当影子股东，表面在他人名下，实际是自己拥有；有的"违规借贷、以小搏大"，违规向管理服务对象出借资金获取高额回报，以"借鸡孵蛋"的形式掩盖违规获利的目的。这些违规参股、股权代持、放贷牟利等违规经商办企业问题背后，是一些党员干部利用职权或影响力搞权力寻租，玩权力变现，严重污染政治生态，扰乱市场秩序，破坏发展环境，损害公平正义。

党员干部应严格遵守执行全面从严治党各项规定，加强家庭家教家风建设，始终保持正常政商交往，坚持做到规范用权、廉洁用权、为民用权。

相关条款

《中国共产党纪律处分条例》

第一百零三条 违反有关规定从事营利活动，有下列行为之一，情节较轻的，给予警告或者严重警告处分；情节较重的，给予撤销党内职务或者留党察看处分；情节严重的，给予开除党籍处分：

（一）经商办企业；

（二）拥有非上市公司（企业）的股份或者证券；

（三）买卖股票或者进行其他证券投资；

（四）从事有偿中介活动；

（五）在国（境）外注册公司或者投资入股；

（六）其他违反有关规定从事营利活动的行为。

利用参与企业重组改制、定向增发、兼并投资、土地使用权出让等工作中掌握的信息买卖股票，利用职权或者职务上的影响通过购买信托产品、基金等方式非正常获利的，依照前款规定处理。

违反有关规定在经济组织、社会组织等单位中兼职，或者经批准兼职但获取薪酬、奖金、津贴等额外利益的，依照第一款规定处理。

23. 莫把外出学习培训当作公款旅游[①]

案情介绍

2020年10月，某市经开区城市管理行政执法局收到某协会拟在海南三亚举办培训班的材料，主持日常工作的原副局长吴某与另外2名副局长商议利用这次机会去三亚等地游玩。2020年11月，吴某等4人乘飞机前往海南海口，将23200元培训费交给培训机构后，直接从机场乘坐高铁至三亚游玩，未参加培训，后又返回海

---

① 《省纪委监委通报六起违规旅游典型问题》，载安徽纪检监察网，http：//www.ahjjjc.gov.cn/p/109943.html，最后访问日期：2024年4月17日。

口游玩。2020年12月，吴某安排以参加业务培训名义在本单位报销相关费用。2021年12月，吴某受到党内严重警告（影响期二年）、政务撤职处分，相关违纪违法资金予以收缴，其他相关人员分别受到相应处理。

警示教育

公款旅游问题败坏党风政风、损害党和政府形象，必须紧盯不放、坚决纠治。经过持续深入纠治，有效刹住了公款旅游歪风，但仍有个别党员干部不收敛不知止、顶风违纪。有的以公务活动为名，明目张胆行公款旅游之实，甚至为方便报销带着下属企事业单位和有业务关系的企业一起旅游，产生的相关费用直接安排企事业单位报销；有的为求隐蔽，以参加业务培训为名，只交钱不上课；有的借学习培训、调研考察等公务活动之机，变更行程、绕道旅游；有的政商交往"亲清不分"，借招商、答谢会、年会、周年庆等活动之机，违规接受管理服务对象安排的旅游活动，甚至携妻带子，搞个人旅游企业买单。

公款旅游浪费党和国家资财，尤其是违规接受管理服务对象旅游活动安排暗藏由风及腐、风腐交织的廉洁风险，不仅败坏党风政风，还会损害一方一域的营商环境，更抹黑了党和政府及党员干部在群众中的形象。广大党员干部要从上述案例中深刻汲取教训,坚守初心使命,严格落实中央八项规定精神,知敬畏、守底线。

相关条款

《中国共产党纪律处分条例》

第一百零一条　接受、提供可能影响公正执行公务的宴请或者旅游、健身、娱乐等活动安排,情节较重的,给予警告或者严重警告处分;情节严重的,给予撤销党内职务或者留党察看处分。

第一百一十五条　有下列行为之一,对直接责任者和领导责任者,情节较轻的,给予警告或者严重警告处分;情节较重的,给予撤销党内职务或者留党察看处分;情节严重的,给予开除党籍处分:

(一)公款旅游或者以学习培训、考察调研、职工疗养等为名变相公款旅游;

(二)改变公务行程,借机旅游;

(三)参加所管理企业、下属单位组织的考察活动,借机旅游。

以考察、学习、培训、研讨、招商、参展等名义变相用公款出国(境)旅游的,对直接责任者和领导责任者,依照前款规定处理。

四、违反群众纪律的行为

24. 违规摊派须严惩①

🔊 **案情介绍**

吴某,中共党员,某乡党委副书记、乡长。2015年至2020年8月,吴某以支持乡政府开展工作为由,多次要求辖区内的多家私营企业、个体工商户出资购买桌椅、打印机等办公用品,"捐赠"给乡政府使用,折合共计22.4万元。2021年8月,吴某受到党内严重警告、政务降级处分。

🔨 **警示教育**

基层"微腐败"发生在群众身边,群众所受侵害最直接,反映也最强烈。随着党风廉政建设和反腐败斗争的持续深入推进,群众身边腐败和不正之风得到有效遏制,但滋生"微腐败"的土壤尚未彻底铲除,损害群众利益的乱收费、乱罚款、乱摊派等与民争利、扰民渔

---

① 吴某违规摊派案,中央纪委国家监委2022年执纪执法指导性案例第2号,总第9号。

利、侵害企业合法权益的问题仍时有发生。

本案中，吴某作为乡政府主要负责人，以支持乡政府开展工作为由，要求辖区内多家私营企业、个体工商户"捐赠"办公用品，其行为本质上是将服务群众的义务当作管理群众的特权，将本应由单位承担的费用转移到群众身上，增加了群众负担。吴某的违规摊派行为损害了群众利益，败坏了党和政府的形象，侵蚀了党的执政基础，属于违反群众纪律，应当予以严肃处理。同时，对于违规摊派获取的财物，应由乡政府按原价退赔有关私营企业、个体工商户。

相关条款

《中国共产党纪律处分条例》

第九十七条第一款 收受可能影响公正执行公务的礼品、礼金、消费卡（券）和有价证券、股权、其他金融产品等财物，情节较轻的，给予警告或者严重警告处分；情节较重的，给予撤销党内职务或者留党察看处分；情节严重的，给予开除党籍处分。

第一百二十二条 有下列行为之一，对直接责任者和领导责任者，情节较轻的，给予警告或者严重警告处分；情节较重的，给予撤销党内职务或者留党察看处分；情节严重的，给予开除党籍处分：

（一）超标准、超范围向群众筹资筹劳、摊派费用，加重群众负担；

（二）违反有关规定扣留、收缴群众款物或者处罚群众；

（三）克扣群众财物，或者违反有关规定拖欠群众钱款；

（四）在管理、服务活动中违反有关规定收取费用；

（五）在办理涉及群众事务时刁难群众、吃拿卡要；

（六）其他侵害群众利益行为。

在乡村振兴领域有上述行为的，从重或者加重处分。

《中华人民共和国公职人员政务处分法》

第三十四条第一款　收受可能影响公正行使公权力的礼品、礼金、有价证券等财物的，予以警告、记过或者记大过；情节较重的，予以降级或者撤职；情节严重的，予以开除。

第三十八条　有下列行为之一，情节较重的，予以警告、记过或者记大过；情节严重的，予以降级或者撤职：

（一）违反规定向管理服务对象收取、摊派财物的；

（二）在管理服务活动中故意刁难、吃拿卡要的；

（三）在管理服务活动中态度恶劣粗暴，造成不良后果或者影响的；

（四）不按照规定公开工作信息，侵犯管理服务对象知情权，造成不良后果或者影响的；

（五）其他侵犯管理服务对象利益的行为，造成不良后果或者影响的。

有前款第一项、第二项和第五项行为，情节特别严重的，予以开除。

25. 违规为亲属申领救助金，换来的是一纸处分[①]

📢 案情介绍

王某，中共党员，某县某村党支部书记、村委会主任。王某在明知其亲属李某不属于因灾倒损居民住房恢复重建救助范围，违规将其纳入倒房重建救助对象上

---

① 《以权谋私种祸根 优亲厚友受处分》，载黄冈市纪委监委网站，http：//www.hgjjjc.gov.cn/Item/24159.aspx，最后访问日期：2024年4月18日。

报，后李某获得倒房重建住房救助资金。最终，王某受到党内严重警告处分。

警示教育

基层党员干部担负着惠民政策具体落实之责，手握惠民资金申报、分配权力，本应公道办事、秉公用权，让惠民政策真正落到实处、普惠于民。然而，一些基层党员干部却在利益的驱动和人情关系的影响下，不按照规定办事，在民生保障事项中厚此薄彼，以权谋私、拉关系、卖人情，侵害了群众的利益。

王某没有按照民主决策程序办理，不能正确处理亲属、朋友与群众的关系，厚此薄彼，侵害群众利益；不按照规定标准执行，把不符合条件的亲属报上去，挤占符合条件困难群众的"救助款"，使不该享受救灾救济款的人员享受了相关的待遇，应该享受的人员享受不到或者比规定的标准享受的低，明显不公平、不公正，损害了群众利益，受到党纪处分也就成为其必然的结果。

相关条款

《中国共产党纪律处分条例》

第一百二十四条　在社会保障、社会救助、政策扶持、救灾救济款物分配等事项中优亲厚友、明显有失公平的，给予警告或者严重警告处分；情节较重的，给予撤销党内职务或者留党察看处分；情节严重的，给予开除党籍处分。

26. 给黑恶势力充当"保护伞"，不可以[①]

案情介绍

1995年至2018年，某市某村原党支部书记兼村委会主任李某操控破坏选举，长期把持村级政权，将数十名组织成员或家属违规发展为党员，严重破坏基层党组织建设；通过强揽工程、强收管理费等，非法控制该村及周边建筑行业；纠集组织成员，暴力勒索企业或个体经营户钱财，辱骂殴打村民、入室打砸，多名被害人不敢报警、长期外出躲避，群众称其为"南霸天"；拉拢腐蚀多名党员领导干部，违规获取多项政治荣誉。2000

---

① 《中央纪委国家监委公开曝光六起涉黑腐败和"保护伞"典型案例》，载中央纪委国家监委网站，http://m.ccdi.gov.cn/content/ec/7a/50400.html，最后访问日期：2024年4月18日。

年至2016年，游某在担任乡长、党委书记及某区委常委等职务期间，违规帮助李某长期把持基层政权、获取各类政治荣誉、干预刑事案件查处。1994年至2010年，某市公安局原党委委员刘某干预涉及该组织成员的多起刑事案件处理。后李某被开除党籍，其涉嫌犯罪问题被移送司法机关处理。游某、刘某均受到开除党籍、开除公职处分，涉嫌犯罪问题被移送检察机关依法审查起诉。

警示教育

充当"保护伞"的党政领导干部和公职人员，明知对方是涉黑组织或系其成员，有的利用职权或职务上的影响违规干预司法活动，包庇犯罪分子逃避查禁打击、减免刑事处罚；有的不依法履行职责，对违法犯罪行为放任纵容；有的利用手中审批监管权力，帮助谋取不法经济利益，导致有关涉黑组织不断坐大成势、日益嚣张猖獗。更有甚者，有的公职人员直接下场参与涉黑犯罪，欺压群众，为非作恶。这些"保护伞"及涉黑腐败分子站在群众对立面、"护黑不护民"，利令智昏，是严重脱离群众、轻视群众、漠视群众疾苦，甚至祸害群众的典型。广大党员干部和公职人员要深刻汲取教训，保持高度警醒,切实引以为戒。

相关条款

《中国共产党纪律处分条例》

第一百二十五条 利用宗族或者黑恶势力等欺压群众,或者纵容涉黑涉恶活动、为黑恶势力充当"保护伞"的,给予撤销党内职务或者留党察看处分;情节严重的,给予开除党籍处分。

《中国共产党支部工作条例(试行)》

第二十八条 建立持续整顿软弱涣散党支部工作机制。对不适宜担任党支部书记、副书记和委员职务的,上级党组织应当及时作出调整。对存在换届选举拉票贿选、宗族宗教和黑恶势力干扰渗透等问题的,上级党组织应当及时严肃处理。

《中国共产党基层组织选举工作条例》

第三十五条 加强对党的基层组织选举工作的领导,坚持教育在先、警示在先、预防在先,严肃政治纪律、组织纪律以及换届工作纪律要求,强化制度意识、严格制度执行、维护制度权威,引导党员和代表正确行使民主权利,保证选举工作平稳有序。

落实全面从严治党责任,严禁拉帮结派、拉票贿选、跑风漏气等非组织行为，严防黑恶势力、宗族势力、宗教势力干扰破坏选举，强化监督检查和责任追究，确保选举工作风清气正。

27. 村务不公开，党纪不留情[①]

案情介绍

肖某，中共党员，某乡C村村委会主任。2016年6月，该乡发生洪灾，C村部分土地受灾，乡政府为此下拨60万元救灾款。村委会发放救灾款过程中，有村民认为发放不透明，要求肖某公开发放情况。肖某以每户受灾情况不同为由，不予公开。至2017年5月，该村先后有90多名村民到县民政局信访举报。C村村委会不按规定公开救灾款的发放情况，属于不按规定公开村务，构成不按规定公开村务违纪行为。肖某既是直接责任者，也是领导责任者，最终被追究党纪责任。

[①]《不公开党务、政务、村务如何追究党纪责任》，载中央纪委国家监委网站，https://www.ccdi.gov.cn/djfgn/ywgw/201710/t20171011_33464.html，最终访问日期：2024年4月8日。

警示教育

党的二十大报告指出，"必须坚定不移走中国特色社会主义政治发展道路，坚持党的领导、人民当家作主、依法治国有机统一，坚持人民主体地位，充分体现人民意志、保障人民权益、激发人民创造活力"；"完善办事公开制度，拓宽基层各类群体有序参与基层治理渠道，保障人民依法管理基层公共事务和公益事业"。

保障群众知情权看起来是小事，实则是大事。保障群众知情权，是我们党全心全意为人民服务根本宗旨的具体体现。广大党员干部对此类事项一定不能掉以轻心，该公开的一定要按规定公开，否则就属于侵犯群众的知情权，违反了党的群众纪律。

本案中，肖某作为村委会主任，理应认真履行职责，按照规定公开村务，保障广大村民的知情权，但是却没有公开救灾款的发放情况，也没有听从群众的要求，这是一种典型的侵犯群众知情权的行为，受到相应的党纪处分是应当的。

相关条款

《中国共产党党务公开条例（试行）》

第四条　党务公开应当遵循以下原则：

……

（二）坚持发扬民主。保障党员民主权利，落实党员知情权、参与权、选举权、监督权，更好调动全党积极性、主动性、创造性，及时回应党员和群众关切，以公开促落实、促监督、促改进。

……

《中国共产党纪律处分条例》

第一百二十八条　不按照规定公开党务、政务、厂务、村（居）务等，侵犯群众知情权，对直接责任者和领导责任者，情节较重的，给予警告或者严重警告处分；情节严重的，给予撤销党内职务或者留党察看处分。

五、违反工作纪律的行为

28. 新官不理旧账[①]

案情介绍

某区某村党支部书记姚某，被举报三年前一上任就"新官不理旧账"，要求废止与该村有关的某招商引资合同未果，便用多种方式阻碍合同所涉企业正常生产，且向企业无故索要"保洁"费用。后来，该区纪委监委经查属实，给予姚某党内警告处分。

警示教育

"新官不理旧账"多发于政府机构换届、领导干部更替、体制机制改革之后，常引发合同纠纷、应付款项拖欠、重点工程中止等问题，造成巨大浪费，影响党和政府公信力，其背后甚至存在腐败和作风问题。"新官不理旧账"，表面上是政府权力、公共权力的"交接"

[①] 《江苏淮安专项整治"新官不理旧账"推动解决一批历史遗留问题》，载中央纪委国家监委网站，https://www.ccdi.gov.cn/yaowenn/202212/t20221205_234847.html，最后访问日期：2024年4月18日。

出了问题，实际上还是不担当、不作为、不负责。

《中国共产党纪律处分条例》中明确了对"党员领导干部对于到任前已经存在且属于其职责范围内的问题，消极回避、推卸责任，造成严重损害或者严重不良影响"行为的处理处分规定，姚某上任后用多种方式阻碍已签订的招商引资合同涉及的企业正常生产，理应受到处分。

相关条款

《中国共产党纪律处分条例》

第一百三十条 工作中不负责任或者疏于管理，贯彻执行、检查督促落实上级决策部署不力，给党、国家和人民利益以及公共财产造成较大损失的，对直接责任者和领导责任者，给予警告或者严重警告处分；造成重大损失的，给予撤销党内职务、留党察看或者开除党籍处分。

党员领导干部对于到任前已经存在且属于其职责范围内的问题，消极回避、推卸责任，造成严重损害或者严重不良影响的，依照前款规定处理。

29. 干部不担当不作为需要"治"①

案情介绍

某县自然资源规划部门耕保科负责人张某对辖区范围内13家非煤矿山企业履行土地复垦复绿义务监管消极懈怠、流于形式，在13家企业未完成矿山复绿、土地复垦或未足额缴纳土地复垦费等情况下，违规为企业办理采矿许可证延续、变更、新立、注销等手续。面对群众的投诉和质疑，张某回避问题、搞推拖绕，多次调查均不了了之，致使企业违法行为长期持续存在，造成不良影响，张某受到党内严重警告处分。

警示教育

习近平总书记在十九届中央政治局第十次集体学习时指出，干部敢于担当作为，这既是政治品格，也是从

---

① 《以案说纪·深入纠治形式主义官僚主义（三）》，载湖北省纪委监委网站，https://www.hbjwjc.gov.cn/zdzl/qwfb/yasj/146848.htm，最后访问日期：2024年4月18日。

政本分。党的干部要以对党忠诚、为党分忧、为党尽职、为民造福的政治担当，以守土有责、守土负责、守土尽责的责任担当，面对大是大非敢于亮剑，面对矛盾敢于迎难而上，面对危机敢于挺身而出，面对失误敢于承担责任，面对歪风邪气敢于坚决斗争。党的二十大报告指出，要加强干部斗争精神和斗争本领养成，着力增强防风险、迎挑战、抗打压能力，带头担当作为，做到平常时候看得出来、关键时刻站得出来、危难关头豁得出来。

本案中，张某对企业违法违规行为监管缺位、贻误工作，对群众的投诉和质疑敷衍应付、懒政怠政，在群众中造成不良影响，是典型的"不担当、不作为、不负责"。张某的行为，造成不良影响，侵犯了党的性质宗旨和优良作风，损害党、国家和人民利益，损害了党和政府形象，应依据《中国共产党纪律处分条例》第一百三十一条的规定对其进行处分。

相关条款

《中国共产党纪律处分条例》

第一百三十一条 工作中不敢斗争、不愿担当，面对重大矛盾冲突、危机困难临阵退缩，造成不良影响或者严重后果的，给予警告或者严重警告处分；情节严重的，给予撤销党内职务、留党察看或者开除党籍处分。

30. 形式主义、官僚主义需坚决纠治[①]

📢 案情介绍

2016年至2021年，周某某在任某市委书记期间，搞"打卡式""作秀式"调研，有时一天要调研十多个点，到调研点与基层干部握握手、说两句话、拍几张照后即离开，不深入群众了解、解决实际困难。在调研过程中挑剔吃住、专车开道，增加基层负担。热衷搞舆论造势，支持他人写书宣扬其"功绩"，并安排财政资金购买该书，分发给干部学习。周某某还存在其他严重违纪违法问题，被开除党籍、开除公职，涉嫌犯罪问题被移送检察机关依法审查起诉。

[①] 《中央纪委国家监委公开通报六起形式主义、官僚主义典型问题》，载中央纪委国家监委网站，https://www.ccdi.gov.cn/toutiaon/202312/t20231227_317460.html，最后访问日期：2024年4月18日。

> 警示教育

党的二十大报告指出要重点纠治形式主义、官僚主义。习近平总书记在二十届中央纪委三次全会上强调，着力整治形式主义、官僚主义。形式主义、官僚主义是实现新时代新征程党的使命任务的大敌，必须动真碰硬、靶向纠治。

针对干部群众反映强烈的形式主义、官僚主义顽瘴痼疾，此次新修订的《中国共产党纪律处分条例》在工作纪律方面增写了对"脱离实际，不作深入调查研究，搞随意决策、机械执行""违反精文减会有关规定搞文山会海""在督查检查考核等工作中搞层层加码、过度留痕，增加基层工作负担"等行为的处分规定。本案中，周某某在调研中搞形式主义、官僚主义，热衷舆论造势、做表面文章问题，广大党员干部应该深刻吸取教训，增强敬畏之心，明晰行为边界，自觉力戒形式主义、官僚主义。

> 相关条款

《中国共产党纪律处分条例》

第一百三十二条　有下列行为之一，造成严重损害或者严重不良影响的，对直接责任者和领导责任者，给予警告或者严重警告处分；情节较重的，给予撤销党内职务或者留党察看处分；情节严重的，给予开除党籍处分：

（一）热衷于搞舆论造势、浮在表面；

（二）单纯以会议贯彻会议、以文件落实文件，在实际工作中不见诸行动；

（三）脱离实际，不作深入调查研究，搞随意决策、机械执行；

（四）违反精文减会有关规定搞文山会海；

（五）在督查检查考核等工作中搞层层加码、过度留痕，增加基层工作负担；

（六）工作中其他形式主义、官僚主义行为。

31. 在群众信访工作中消极应付、弄虚作假[①]

🔊 案情介绍

2023年4月，某街道办事处在办理省委巡视组交办

[①] 《省纪委监委通报6起不担当不作为典型案例》，载湖北省纪委监委网站，https://www.hbjwjc.gov.cn/qwfb/pgs/145632.htm，最后访问日期：2024年4月18日。

的该办事处某社区居民唐某信访事项过程中,消极应付,虚假整改,未与信访对象联系,未入户了解情况,导致向省委巡视组上报虚假整改情况。该街道办事处某社区党委书记、居委会主任万某某对信访件的调查处理情况没有过问、审核,敷衍塞责、一报了之;社区党委副书记卓某没有入户走访,及时化解信访矛盾;社区网格员严某某没有调查核实信访人家庭情况,向社区提供虚假信息。最终万某某受到党内警告处分,卓某受到党内严重警告处分,严某某受到政务记大过处分。

警示教育

信访工作是党的群众工作的重要组成部分,是党和政府了解民情、集中民智、维护民利、凝聚民心的一项重要工作,是各级机关、单位及其领导干部、工作人员接受群众监督、改进工作作风的重要途径。各级党委和政府信访部门是开展信访工作的专门机构,履行"受理、转送、交办信访事项;协调解决重要信访问题;督促检查重要信访事项的处理和落实;综合反映信访信息,分析研判信访形势,为党委和政府提供决策参考;指导本级其他机关、单位和下级的信访工作;提出改进工作、完善政策和追究责任的建议;承担本级党委和政府交办的其他事项"的职责。

此次《中国共产党纪律处分条例》修订，增加了对"不履行或者不正确履行职责，导致信访事项发生，造成不良影响或者严重后果的"的处分规定，为不履行或者不正确履行信访工作职责追责问责提供了依据。本案中，某街道办事处工作人员在群众信访工作中不担当不作为，应当受到相应的处分。

相关条款

《中国共产党纪律处分条例》

第一百三十五条 在信访工作中，有下列行为之一，造成不良影响或者严重后果的，对直接责任者和领导责任者，给予警告或者严重警告处分；情节较重的，给予撤销党内职务或者留党察看处分；情节严重的，给予开除党籍处分：

（一）不按照规定受理、办理信访事项；

（二）对规模性集体访等处置不力，导致事态扩大；

（三）对党委和政府信访部门提出的改进工作、完善政策等建议重视不够、落实不力，导致问题长期得不到解决；

（四）其他不履行或者不正确履行信访工作职责

行为。

不履行或者不正确履行职责，导致信访事项发生，造成不良影响或者严重后果的，对直接责任者和领导责任者，依照前款规定处理。

《信访工作条例》

第四十二条 因下列情形之一导致信访事项发生，造成严重后果的，对直接负责的主管人员和其他直接责任人员，依规依纪依法严肃处理；构成犯罪的，依法追究刑事责任：

（一）超越或者滥用职权，侵害公民、法人或者其他组织合法权益；

（二）应当作为而不作为，侵害公民、法人或者其他组织合法权益；

（三）适用法律、法规错误或者违反法定程序，侵害公民、法人或者其他组织合法权益；

（四）拒不执行有权处理机关、单位作出的支持信访请求意见。

第四十四条 负有受理信访事项职责的机关、单位有下列情形之一的，由其上级机关、单位责令改正；造成严重后果的，对直接负责的主管人员和其他直接责任人员依规依纪依法严肃处理：

（一）对收到的信访事项不按照规定登记；

（二）对属于其职权范围的信访事项不予受理；

（三）未在规定期限内书面告知信访人是否受理信访事项。

第四十五条 对信访事项有权处理的机关、单位有下列情形之一的，由其上级机关、单位责令改正；造成严重后果的，对直接负责的主管人员和其他直接责任人员依规依纪依法严肃处理：

（一）推诿、敷衍、拖延信访事项办理或者未在规定期限内办结信访事项；

（二）对事实清楚，符合法律、法规、规章或者其他有关规定的投诉请求未予支持；

（三）对党委和政府信访部门提出的改进工作、完善政策等建议重视不够、落实不力，导致问题长期得不到解决；

（四）其他不履行或者不正确履行信访事项处理职责的情形。

32. 进行统计造假的党员干部也会受到党纪处分[1]

案情介绍

2019年，A州在第四次全国经济普查登记工作中，州、县相关职能部门和乡镇政府采取出具虚假批文、代填代报、授意、指使、强令普查对象提供虚假资料等方式干预统计工作，B县、C县统计数据严重失实。在上级检查期间，部分单位和领导干部还采取解散QQ工作群、毁弃证明资料、提供虚假情况等方式阻碍监督检查，有的县领导还要求"被查单位自行承担责任，不得指认县委县政府"。A州在全国经济普查中统计造假，分管统计工作的州政府党组成员、副州长周某负主要领导责任，受到党内警告处分；B县原县委书记毛某某受到党内严重警告处分，并被免去县委书记职务；B县原县委副书记、县长冯某某受到党内严重警告、政务降级

---

[1] 《中央纪委国家监委公开曝光六起违反中央八项规定精神典型问题》，载中央纪委国家监委网站，https://www.ccdi.gov.cn/jdjbnew/jd-jbyw/202203/t20220329_180993.html，最后访问日期：2024年4月18日。

处分；C县委书记王某某受到党内警告处分；C县原县委副书记、县长莫某受到党内严重警告处分。其他相关责任人分别因出具虚假批文、授意企业报送虚假数据、阻碍监督检查等问题受到相应的处理。

警示教育

统计是经济社会发展重要综合性基础性工作，统计数据是国家宏观调控的重要依据。统计造假是统计领域最大的腐败，严重违反统计法，严重影响统计数据质量，干扰甚至误导宏观决策，违背党的实事求是思想路线和求真务实工作作风，损害党和政府公信力。"统计造假"被纳入新修订的《中国共产党纪律处分条例》处分范畴，对直接责任者和领导责任者将依据情节严重程度给予警告直至开除党籍的处分，这对于防治统计造假、提高统计数据质量、端正党风政风、促进统计事业高质量发展都具有重大而深远的意义。

本案中，A州个别干部在全国经济普查中统计数据造假，对党的纪律不在乎、不敬畏，我行我素，必须受到严肃处理。广大党员干部必须引以为戒，时刻反躬自省。

相关条款

《中国共产党纪律处分条例》

第一百三十九条　进行统计造假，对直接责任者和领导责任者，情节较轻的，给予警告或者严重警告处分；情节较重的，给予撤销党内职务或者留党察看处分；情节严重的，给予开除党籍处分。

对统计造假失察，造成严重后果的，对直接责任者和领导责任者，给予警告或者严重警告处分；情节严重的，给予撤销党内职务、留党察看或者开除党籍处分。

33. 违规干预和插手市场经济活动①

案情介绍

2021年1月至2022年7月，曹某在担任某县社会救助工作管理局局长和县社会救助服务中心主任期间，

---

① 《庆阳市纪委监委通报8起典型案例》，载甘肃纪检监察网，http://www.gsjw.gov.cn/content/2023-07/55371.html，最后访问日期：2024年4月18日。

先后与彭某、刘某合伙在某村投资建设万只肉羊育肥基地粪污处理中心，曹某作为"隐形股东"，从事营利活动。曹某还存在其他违纪违法问题，2023年4月，曹某受到开除党籍、开除公职处分，涉嫌职务犯罪问题被移送检察机关依法审查起诉。

警示教育

违反规定干预和插手市场经济活动，不仅会扰乱市场经济秩序、破坏公平竞争原则、影响经济社会发展，而且会滋生大量腐败现象。很多违纪违法案件都与利用职权违规干预和插手市场经济活动有关。

本案中，曹某违反有关规定，插手市场经济活动，构成干预和插手市场经济活动违纪行为，应追究其党纪责任。对于其违反国家法律法规规定的行为，应承担相应的法律责任。

相关条款

《中国共产党纪律处分条例》

第一百四十一条　违反有关规定干预和插手市场经济活动，有下列行为之一，情节较轻的，给予警告或者严重警告处分；情节较重的，给予撤销党内职务或者留党察看处分；情节严重的，给予开除党籍处分：

（一）干预和插手建设工程项目承发包、土地使用权出让、政府采购、房地产开发与经营、矿产资源开发利用、中介机构服务等活动；

（二）干预和插手国有企业重组改制、兼并、破产、产权交易、清产核资、资产评估、资产转让、重大项目投资以及其他重大经营活动等事项；

（三）干预和插手批办各类行政许可和资金借贷等事项；

（四）干预和插手经济纠纷；

（五）干预和插手集体资金、资产和资源的使用、分配、承包、租赁等事项。

34. 干预司法活动帮人"平事"，会受到纪法严惩[①]

案情介绍

A市委政法委副书记、维稳办主任夏某某因严重违

[①] 《领导干部帮人"平事"，逃不过纪法严惩》，载中央纪委国家监委网站，http://m.ccdi.gov.cn/content/0c/25/42645.html，最后访问日期：2024年4月18日。

纪违法并被移送检察机关依法审查、提起公诉。夏某某平日里常以老大自居，四处帮人"平事"收好处，长期利用在政法等机关担任领导职务形成的便利条件，插手司法活动及具体案件处理，为涉黄违法团伙充当"保护伞"，借机大肆敛财，影响恶劣。

警示教育

各级领导干部应当带头遵守宪法法律，维护司法权威，支持司法机关依法独立公正行使职权。任何领导干部都不得要求司法机关违反法定职责或法定程序处理案件，都不得要求司法机关做有碍司法公正的事情。

要始终保持敬畏纪法之心，领导干部如果对纪法无知、无畏，行动上就会藐视纪法、放纵自我，最终也必受到党纪国法的严惩。夏某某便是如此，作为市委政法委副书记，他对党纪国法毫无敬畏，到处插手司法活动，插手具体案件处理，帮人"平事"的行为不仅破坏了司法活动、执纪执法活动的公正性，还破坏了党纪国法的权威性，其最终也付出了惨痛代价。

相关条款

《中国共产党纪律处分条例》

第一百四十二条 违反有关规定干预和插手司法活动、执纪执法活动，向有关地方或者部门打听案情、打招呼、说情，或者以其他方式对司法活动、执纪执法活动施加影响，情节较轻的，给予严重警告处分；情节较重的，给予撤销党内职务或者留党察看处分；情节严重的，给予开除党籍处分。

违反有关规定干预和插手公共财政资金分配、项目立项评审、功勋荣誉表彰奖励等活动，造成重大损失或者不良影响的，依照前款规定处理。

第一百四十三条 按照有关规定对干预和插手行为负有报告和登记义务的受请托人，不按照规定报告或者登记，情节较重的，给予警告或者严重警告处分；情节严重的，给予撤销党内职务处分。

《领导干部干预司法活动、插手具体案件处理的记录、通报和责任追究规定》

第四条 司法机关依法独立公正行使职权，不得执行任何领导干部违反法定职责或法定程序、有碍司法公正的要求。

第八条 领导干部有下列行为之一的，属于违法干预司法活动，党委政法委按程序报经批准后予以通报，必要时可以向社会公开：

（一）在线索核查、立案、侦查、审查起诉、审判、执行等环节为案件当事人请托说情的；

（二）要求办案人员或办案单位负责人私下会见案件当事人或其辩护人、诉讼代理人、近亲属以及其他与案件有利害关系的人的；

（三）授意、纵容身边工作人员或者亲属为案件当事人请托说情的；

（四）为了地方利益或者部门利益，以听取汇报、开协调会、发文件等形式，超越职权对案件处理提出倾向性意见或者具体要求的；

（五）其他违法干预司法活动、妨碍司法公正的行为。

第九条 领导干部有本规定第八条所列行为之一，造成后果或者恶劣影响的，依照《中国共产党纪律处分条例》、《行政机关公务员处分条例》、《检察人员纪律处分条例（试行）》、《人民法院工作人员处分条例》、《中国人民解放军纪律条令》等规定给予纪律处分；造成冤假错案或者其他严重后果，构成犯罪的，依法追究刑事责任。

领导干部对司法人员进行打击报复的，依照《中国共产党纪律处分条例》、《行政机关公务员处分条例》、《检察人员纪律处分条例（试行）》、《人民法院工作人员处分条例》、《中国人民解放军纪律条令》等规定给予纪律处分；构成犯罪的，依法追究刑事责任。

35. 保密也是一项党纪要求[①]

案情介绍

李某，中共党员，某市纪委监委信访室来信来访接待人员。某天，群众信件举报该市所辖 A 县副县长张某存在受贿、滥用职权等违纪问题。因李某与张某素有交情，于是，李某打电话给张某，告知其被人举报。之后，在市纪委监委对张某进行审查调查时，其交代曾被李某电话告知被人举报。

---

① 《泄露、扩散、窃取保密内容如何追究党纪责任》，载中央纪委国家监委网站，https://www.ccdi.gov.cn/hdjln/ywtt/201707/t20170724_18125_m.html，最后访问日期：2024 年 4 月 18 日。

警示教育

从事组织、人事工作和纪律审查工作的党员干部及其他党员干部不得泄露、扩散、窃取与相关工作应当保密的内容。李某泄露党组织关于纪律审查工作中应当保密的内容，构成泄露、扩散、窃取党组织关于干部选拔任用、纪律审查等应当保密的内容违纪行为，应依据《中国共产党纪律处分条例》的规定，追究其党纪责任。

相关条款

《中国共产党纪律处分条例》

第一百四十四条　泄露、扩散或者打探、窃取党组织关于干部选拔任用、纪律审查、巡视巡察等尚未公开事项或者其他应当保密的内容的，给予警告或者严重警告处分；情节较重的，给予撤销党内职务或者留党察看处分；情节严重的，给予开除党籍处分。

私自留存涉及党组织关于干部选拔任用、纪律审查、巡视巡察等方面资料，情节较重的，给予警告或者严重警告处分；情节严重的，给予撤销党内职务处分。

《党政领导干部选拔任用工作条例》

第五十九条　选拔任用党政领导干部，必须严格执行本条例的各项规定，并遵守下列纪律：

……

（四）不准私自泄露研判、动议、民主推荐、民主测评、考察、酝酿、讨论决定干部等有关情况；

……

《中国共产党纪律检查机关案件检查工作条例》

第四十五条　办案人员应遵守以下纪律：

……

（二）不准泄露案情，扩散证据材料；

……

《中国共产党纪律检查机关监督执纪工作规则》

第六十七条　监督执纪人员应当严格执行保密制度，控制审查调查工作事项知悉范围和时间，不准私自留存、隐匿、查阅、摘抄、复制、携带问题线索和涉案资料，严禁泄露审查调查工作情况。

审查调查组成员工作期间，应当使用专用手机、电脑、电子设备和存储介质，实行编号管理，审查调查工作结束后收回检查。

汇报案情、传递审查调查材料应当使用加密设施，携带案卷材料应当专人专车、卷不离身。

36. 在高校招生考试、录取等工作中"以学谋私"[①]

📢 案情介绍

2019年4月,某民政职业技术学院举行省单招综合测试期间,吕某某利用监考老师身份便利,私自拆封试卷并拍照发给某相关利益人,因考生未能将手机带入考场而作弊未成功。2019年9月,吕某某受到党内严重警告、记过处分。

📢 警示教育

高校招生考试领域的违纪违法行为主要发生在命题阅卷、主考监考、成绩管理和招生录取等环节。有的是无原则接受相关利益人的请托,拿招生考试"私相授受"做人情;有的是明码标价搞"分数卖钱"和招生

[①] 《湖南通报8起高校招生考试领域"以学谋私"典型案例》,载中央纪委国家监委网站,https://www.ccdi.gov.cn/yaowenn/202307/t20230705_273509.html,最后访问日期:2024年4月18日。

运作，通过篡改成绩、招录不符合条件的考生收取"活动经费"；有的是监守自盗，参与和组织考试舞弊以谋取个人不正当利益。他们的行为践踏了教育公平，损害了高校招生考试的公信力和权威性，侵害了学生的切身利益，造成了不良社会影响。

在考试、录取工作中违反规定"以学谋私"，是一种严重的违纪行为。党员只要是实施了这类在考试、录取工作中泄露试题、考场舞弊、涂改考卷等违反规定的行为，就应当按照《中国共产党纪律处分条例》的规定给予党纪处分。本案中，吕某某私自拆封试卷并拍照发给某相关利益人，即使考生作弊未成功，但吕某某明知自己实施的泄露试题行为严重违反了有关规定，仍故意为之，因此必须受到相应的处分。

相关条款

《中国共产党纪律处分条例》

第一百四十五条 在考试、录取工作中，有泄露试题、考场舞弊、涂改考卷、违规录取等违反有关规定行为的，给予警告或者严重警告处分；情节较重的，给予撤销党内职务或者留党察看处分；情节严重的，给予开除党籍处分。

六、违反生活纪律的行为

37. 追求奢靡终成空[1]

案情介绍

付某作为党员领导干部，面对诱惑，不知敬畏、不守底线，甘于被"围猎"。他在担任某区教育局局长4年时间中，收受校长、园长、教师等现金共计146.3万元。付某生活奢靡，贪图享乐，在穿戴方面追求高档次、突出高品位，侵吞37所学校的学生试卷费用于购买1副价值7.16万元的眼镜。此外，在个人作风上，付某更是毫不顾忌自己党员领导干部的身份，经常出入高档娱乐场所，挥金如土，俨然一副"土豪""金主"的架势。截至案发，付某涉及违纪违法资金总计300余万元，但在审查调查时，这些资金仅剩几万元，其余全部挥霍一空。

---

[1] 《付某：奢靡无度给了我政治生涯、个人生活毁灭性打击！》，载廉洁四川网站，http://scjc.gov.cn/scjc/chslwqhg/2023/4/6/36c4acaaf7ee4b6698fa26967479ecaf.shtml，最后访问日期：2023年4月18日。

警示教育

《中国共产党章程》明确规定,党员有"吃苦在前,享受在后,克己奉公,多做贡献"的义务,《中国共产党廉洁自律准则》要求"坚持尚俭戒奢,艰苦朴素,勤俭节约"。许多违纪违法案例表明,蜕化变质往往始于吃喝玩乐这些"小事小节",奢靡享乐最易催生权钱交易、利益输送。

当前,党的建设特别是党风廉政建设和反腐败斗争还面临不少顽固性、多发性问题。党面临的形势越复杂、肩负的任务越艰巨,就越要弘扬艰苦奋斗的精神,越要反对贪图享乐、骄奢淫逸的思想,坚持"吃苦在前,享受在后"。本案中,付某奢靡无度,追求高档次、突出"高品位",吃穿玩乐一切向"豪华"看齐,毫无一个党员干部该有的样子,因而最终被开除党籍和公职,并被判处有期徒刑。

相关条款

《中国共产党纪律处分条例》

第一百五十条 生活奢靡、铺张浪费、贪图享乐、追求低级趣味,造成不良影响的,给予警告或者严重警告处分；情节严重的，给予撤销党内职务处分。

38. 领导干部的家风，不是个人小事、家庭私事①

案情介绍

2008年至2022年，易某某利用担任某县委常委、县委办主任、县人民政府副县长的职务便利，为相关人员在承揽工程、工作调动等方面谋取利益，单独或伙同其子易某青非法收受他人财物共计123万余元。易某某作为领导干部，不重视家庭家教家风建设，对其子易某青失管失教，利用职务便利为易某青介绍的相关人员谋取利益，非法收受他人财物，造成不良影响。易某某还存在其他严重违纪违法问题。2024年2月，易某某受到开除党籍、开除公职处分，其涉嫌犯罪问题移送司法机关处理。

---

① 《岳阳通报3起党员干部家风不正典型问题》，载巴陵风纪网，http://blfj.yueyang.gov.cn/61499/61512/61519/61521/content_2174425.html，最后访问日期：2024年4月18日。

警示教育

2024年1月，习近平总书记在二十届中央纪委三次全会上指出，要注重家庭家教家风，督促领导干部从严管好亲属子女。党员干部的家风连着党风，家廉才能政廉。

然而在实践中，有的党员干部自身不正、私欲膨胀，既想当官又想发财，教坏了家人、带坏了家风；有的亲情观错位，治家不严，纵容、默许亲属利用自己的职务影响经商牟利、收钱敛财，把拗不过的"爱"变成躲不掉的"害"；有的把公权当私器，毫不掩饰地帮亲属争工程、拿项目、捞好处；还有的搞"一家两制"，"前门当官、后门开店"，用权力为生意开路，与家族企业形成官商勾连、深度捆绑的利益共同体。党员干部一旦忽视家庭家教家风建设，就容易在亲情裹挟中迷失方向、以身试法，最终上演从"全家福"到"全家腐"甚至"全家覆"的惨痛结局。

本案中，易某某长期对其子管教缺位、治家不严，纵容、配合子女利用自己的职务影响承揽业务、牟取利益，最终受到了应有的处罚。广大党员干部要切实以案为鉴，自警自省，深刻认识家教家风不是个人小事、家庭私事，而是作风的重要表现，必须高度重视、重点关注、切实加强。强化党性修养,坚持以身作则、从严治家,把管好身边人和管好身边事落到实处,严格教育、约束亲属子女力戒特权思想、享乐主义和奢靡之风,心存敬畏、行有所止,不断培养家庭成员的良好道德品质。

相关条款

《中国共产党纪律处分条例》

第一百五十二条　党员领导干部不重视家风建设,对配偶、子女及其配偶失管失教,造成不良影响或者严重后果的,给予警告或者严重警告处分;情节严重的,给予撤销党内职务处分。

39. 网络空间不是"法外之地",更不是"纪外之地"[1]

案情介绍

2017年3月23日,某区综合行政执法局某镇中队

---

[1] 《因在微信群发言不当 洞头一名干部被免职》,载浙江在线,https://zjnews.zjol.com.cn/zjnews/wznews/201704/t20170411_3444001.shtml,最后访问日期:2024年4月18日。

负责人杨某某因其儿子就读的外国语学校校长更换问题，在学生家长群中发布了"应该组织家长委员会，策划方案、募集资金、组织发动队伍封锁市教育局"等言论。杨某某身为一名党员干部，在网络空间发布不当言论，造成不良影响。3月25日，区纪委给予杨某某党内警告处分，由区综合行政执法局免去杨某某综合行政执法局某镇中队负责人职务，并责令其作出深刻书面检查。

警示教育

网络空间不是法外之地、党纪"飞地"，网络言行是党员干部言行的重要组成部分。党员干部必须严格遵守党的纪律，自觉规范在微信等网络空间的言论，自觉维护网络宣传阵地，树立良好的社会形象，决不允许自行其是、不负责任地发表各种错误言论。

本次《中国共产党纪律处分条例》修订，在第一百五十三条增写了对违背社会公序良俗，在网络空间有不当言行的处分规定，促进党员做到网上、线下一个样，绷紧网络不是法外之地这根弦。作为党员干部，应当从案例中汲取教训，以免重蹈覆辙！

相关条款

《中国共产党纪律处分条例》

第一百五十三条 违背社会公序良俗,在公共场所、网络空间有不当言行,造成不良影响的,给予警告或者严重警告处分;情节较重的,给予撤销党内职务或者留党察看处分;情节严重的,给予开除党籍处分。

七、容错纠错实例

40. 某区纪委监委环保问责简单泛化案[①]

🔊 案情介绍

2021年1月,某省生态环境保护督察组(以下简称督察组)在A市开展环保督察期间,该市B区纪委监委根据督察组移交的问题线索,在未按程序报请区委主要负责人批准的情况下,对A市生态环境局B分局(系B区政府组成部门)党组书记、局长张某等人启动问责调查,共处置问题线索20批90件,问责88人次。其中,B区纪委监委认定,张某对督察组移交、群众反映的2020年5月以来某企业污水扰民、某餐馆油烟污染、某店铺严重噪声污染等问题整治不力,应负领导责任,决定以谈话方式给予其诫勉问责;A市生态环境局B分局时任党组成员、副局长王某分管上述工作,应负领导责任,在1个月内因上述同类事由先后给予其6次问责(通报问责3次、书面诫勉问责1次、党内警告处

[①] 某区纪委监委环保问责简单泛化案,中央纪委国家监委2021年执纪执法指导性案例第5号,总第5号。

分 1 次、免职问责 1 次）；对于 2020 年 3 月以来一直在外脱产学习、未实际协管上述工作的三级主任科员郑某、李某和四级主任科员邓某，仅依据各自岗位职责，决定给予该 3 人党内严重警告、政务记大过处分。B 区纪委监委在给予上述人员处理、处分前，未形成事实材料与其见面核对并听取其陈述和申辩。

此后，省委巡视组在有关专项巡视中发现上述问责存在简单泛化、未履行处理、处分所依据的事实材料应当同本人见面的程序等问题，并移交 A 市纪委监委处理。A 市纪委监委按程序核查后，责令 B 区纪委监委及时依规依纪依法予以纠正。

容错要点

以习近平同志为核心的党中央将问责作为全面从严治党利器，推动失责必问、问责必严成为常态。在开展问责工作时，一定要做到调查取证细之又细、定性处理慎之又慎、自我约束严之又严，防止出现问责不力或者问责泛化、简单化等问题，力求取得问责一个、警醒一片、促进一方工作的良好效果。

本案中，B 区纪委监委对张某、王某、郑某、李某、邓某等人的问责主要存在以下问题：

一是工作程序不规范。一方面是启动问责调查程序不规范，区纪委监委违反《中国共产党问责条例》第九条第一款之规定，在未报请区委主要负责人批准的情况下，即对A市生态环境局B分局党组书记、局长张某先行启动问责调查。另一方面是处理、处分程序不规范，区纪委监委在给予相关人员处理、处分前，未履行处理、处分所依据的事实材料同本人见面的程序，违反了《中国共产党章程》第四十三条、《中国共产党问责条例》第十一条第一款、《中国共产党党员权利保障条例》第三十五条第二款、《中国共产党纪律检查机关监督执纪工作规则》第五十一条第一款、《中华人民共和国公职人员政务处分法》第四十三条等规定。

二是责任划分不精准。区纪委监委在认定张某、王某2人责任时，笼统定性为"负有领导责任"，未结合各自的岗位职责，准确区分应负主要领导责任还是重要领导责任。

三是问责简单泛化。区纪委监委在1个月内对王某进行了6次"凑数式"问责，对在污染问题发生前即已在外脱产学习、并未实际协管相关工作的郑某、李某、邓某滥用问责，存在重复问责、简单问责、泛化问责的问题，损害了执纪执法的权威性和严肃性。

相关条款

《中国共产党章程》

第四十三条 党组织对党员作出处分决定，应当实事求是地查清事实。处分决定所依据的事实材料和处分决定必须同本人见面，听取本人说明情况和申辩。如果本人对处分决定不服，可以提出申诉，有关党组织必须负责处理或者迅速转递，不得扣压。对于确属坚持错误意见和无理要求的人，要给以批评教育。

《中国共产党纪律处分条例》

第三十九条 违纪行为有关责任人员的区分：

（一）直接责任者，是指在其职责范围内，不履行或者不正确履行自己的职责，对造成的损失或者后果起决定性作用的党员或者党员领导干部；

（二）主要领导责任者，是指在其职责范围内，对主管的工作不履行或者不正确履行职责，对造成的损失或者后果负直接领导责任的党员领导干部；

（三）重要领导责任者，是指在其职责范围内，对应管的工作或者参与决定的工作不履行或者不正确履行职责，对造成的损失或者后果负次要领导责任的党员领导干部。

本条例所称领导责任者，包括主要领导责任者和重要领导责任者。

第一百三十七条 滥用问责，或者在问责工作中严重不负责任，造成不良影响的，对直接责任者和领导责任者，给予警告或者严重警告处分；情节严重的，给予撤销党内职务处分。

《中国共产党问责条例》

第三条 党的问责工作应当坚持以下原则：

（一）依规依纪、实事求是；

（二）失责必问、问责必严；

（三）权责一致、错责相当；

（四）严管和厚爱结合、激励和约束并重；

（五）惩前毖后、治病救人；

（六）集体决定、分清责任。

第六条第一款 问责应当分清责任。党组织领导班子在职责范围内负有全面领导责任，领导班子主要负责人和直接主管的班子成员在职责范围内承担主要领导责任，参与决策和工作的班子成员在职责范围内承担重要领导责任。

第九条第一款 发现有本条例第七条所列问责情形，需要进行问责调查的，有管理权限的党委（党组）、纪委、党的工作机关应当经主要负责人审批，及时启动问责调查程序。其中，纪委、党的工作机关对同级党委直接领导的党组织及其主要负责人启动问责调查，应当报同级党委主要负责人批准。

第十一条第一款 查明调查对象失职失责问题后，调查组应当撰写事实材料，与调查对象见面，听取其陈述和申辩，并记录在案；对合理意见，应当予以采纳。调查对象应当在事实材料上签署意见，对签署不同意见或者拒不签署意见的，调查组应当作出说明或者注明情况。

第十二条 问责决定应当由有管理权限的党组织作出。

对同级党委直接领导的党组织，纪委和党的工作机关报经同级党委或者其主要负责人批准，可以采取检查、通报方式进行问责。采取改组方式问责的，按照党章和有关党内法规规定的权限、程序执行。

对同级党委管理的领导干部，纪委和党的工作机关报经同级党委或者其主要负责人批准，可以采取通报、诫勉方式进行问责；提出组织调整或者组织处理的建议。采取纪律处分方式问责的，按照党章和有关党内法规规定的权限、程序执行。

第二十条 问责对象对问责决定不服的，可以自收到问责决定之日起1个月内，向作出问责决定的党组织提出书面申诉。作出问责决定的党组织接到书面申诉后，应当在1个月内作出申诉处理决定，并以书面形式告知提出申诉的党组织、领导干部及其所在党组织。

申诉期间，不停止问责决定的执行。

第二十一条第一款 问责决定作出后，发现问责事实认定不清楚、证据不确凿、依据不充分、责任不清晰、程序不合规、处理不恰当，或者存在其他不应当问责、不精准问责情况的，应当及时予以纠正。必要时，上级党组织可以直接纠正或者责令作出问责决定的党组织予以纠正。

《中国共产党党员权利保障条例》

第三十五条第二款 处理、处分所依据的事实材料应当同本人见面。处理、处分的决定应当向本人宣布，并写明党员的申诉权以及受理申诉的组织等内容。事实材料和决定应当由本人签署意见，对签署不同意见或者拒不签署意见的，应当作出说明或者注明情况。

《中国共产党纪律检查机关监督执纪工作规则》

第五十一条第一款 查明涉嫌违纪或者职务违法、职务犯罪问题后，审查调查组应当撰写事实材料，与被审查调查人见面，听取意见。被审查调查人应当在事实材料上签署意见，对签署不同意见或者拒不签署意见的，审查调查组应当作出说明或者注明情况。

第五十九条 对不服处分决定的申诉，由批准或者决定处分的党委（党组）或者纪检监察机关受理；需要复议复查的，由纪检监察机关相关负责人批准后受理。

申诉办理部门成立复查组，调阅原案案卷，必要时可以进行取证，经集体研究后，提出办理意见，报纪检监察机关相关负责人批准或者纪委常委会会议研究决定，作出复议复查决定。决定应当告知申诉人，抄送相关单位，并在一定范围内宣布。

坚持复议复查与审查审理分离，原案审查、审理人员不得参与复议复查。

复议复查工作应当在3个月内办结。

《中华人民共和国公职人员政务处分法》

第四十三条 作出政务处分决定前，监察机关应当将调查认定的违法事实及拟给予政务处分的依据告知被调查人，听取被调查人的陈述和申辩，并对其陈述的事实、理由和证据进行核实，记录在案。被调查人提出的事实、理由和证据成立的，应予采纳。不得因被调查人的申辩而加重政务处分。

第五十五条第二款 监察机关发现本机关或者下级监察机关作出的政务处分决定确有错误的,应当及时予以纠正或者责令下级监察机关及时予以纠正。

41. 对林某予以容错免责案[①]

📢 案情介绍

林某,中共党员,A市B区政府党组成员、副区长。2019年9月,A市启动创建全国文明城市、国家卫生城市(以下简称"双创")工作,林某负责B区背街小巷改造项目。同年10月,B区政府召开"双创"工作领导小组会议,要求背街小巷改造项目必须在10月底前开工建设。为加快推进改造项目,林某主持召开工作会议,研究通过了B区"双创"投资项目(背街小巷改造)小型项目抽签法确定施工单位方案,其中明确规定对于不属于依法必须招标的工程项目,在报名单位通过资格审核后,以公开抽签方式确定施工单位,并

[①] 对林某予以容错免责案,中央纪委国家监委2022年执纪执法指导性案例第4号,总第11号。

随后依据该方案分 2 批抽签确定了 16 个项目的施工单位。

2021 年 8 月，有群众举报林某的上述做法违反法律法规规定。A 市纪委监委经核查发现，林某采用抽签方式确定施工单位的小型项目，均未达到国家发展和改革委员会《必须招标的工程项目规定》（国家发展改革委 2018 年第 16 号令）明确的项目规模标准，依法可以不进行招标；但采用抽签方式采购工程项目，违反了《中华人民共和国政府采购法》《中华人民共和国政府采购法实施条例》关于政府采购方式的规定。考虑到 B 区"双创"工作有关制度规范尚不健全、背街小巷改造项目工期紧任务重、林某此前并不分管财政和城建等领域、有关业务主管部门未提出明确反对意见等客观情况，加之林某在主观上是为了快速推进工作，更好完成"双创"任务，且未发现林某有借机谋取私利的情形，A 市纪委监委在征求 A 市委组织部和 B 区委意见后，决定对林某进行谈话提醒，并向 B 区政府发出监察建议书，督促 B 区政府规范政府采购工作。林某受到谈话提醒后，及时召开工作会议废止上述方案，规范了工作程序，并在民主生活会上作了深刻检讨。

容错要点

习近平总书记强调，要把干部在推进改革中因缺乏经验、先行先试出现的失误和错误，同明知故犯的违纪违法行为区分开来；把上级尚无明确限制的探索性试验中的失误和错误，同上级明令禁止后依然我行我素的违纪违法行为区分开来；把为推动发展的无意过失，同为谋取私利的违纪违法行为区分开来。

从本案来看，林某探索采用抽签方式确定施工单位，虽不符合有关规定，但其主观动机是为了加快推进改造项目，做好"双创"工作，既不是明知故犯，也没有借机谋取私利，且在决策程序上经过了集体研究，并非个人独断专行，也没有造成重大损失或严重后果。综合上述因素，林某所犯错误属于"为推动发展的无意过失"，可予以容错。

本案处理过程中，A市纪委监委进行了深入核查，在征求组织部门和林某所在党委意见的基础上，决定对林某予以容错，并在后续工作中向B区政府发出监察建议，做到了精准容错、及时纠错。

相关条款

《关于新形势下党内政治生活的若干准则》

建立容错纠错机制,宽容干部在工作中特别是改革创新中的失误。坚持惩前毖后、治病救人,正确对待犯错误的干部,帮助其认识和改正错误。不得混淆干部所犯错误性质或夸大错误程度对干部作出不适当的处理,不得利用干部所犯错误泄私愤、打击报复。

《中国共产党纪律处分条例》

第十七条 有下列情形之一的,可以从轻或者减轻处分:

(一)主动交代本人应当受到党纪处分的问题;

(二)在组织谈话函询、初步核实、立案审查过程中,能够配合核实审查工作,如实说明本人违纪违法事实;

(三)检举同案人或者其他人应当受到党纪处分或者法律追究的问题,经查证属实,或者有其他立功表现;

(四)主动挽回损失、消除不良影响或者有效阻止危害结果发生;

(五)主动上交或者退赔违纪所得;

（六）党内法规规定的其他从轻或者减轻处分情形。

《中国共产党问责条例》

第十七条 有下列情形之一的，可以不予问责或者免予问责：

（一）在推进改革中因缺乏经验、先行先试出现的失误，尚无明确限制的探索性试验中的失误，为推动发展的无意过失；

（二）在集体决策中对错误决策提出明确反对意见或者保留意见的；

（三）在决策实施中已经履职尽责，但因不可抗力、难以预见等因素造成损失的。

对上级错误决定提出改正或者撤销意见未被采纳，而出现本条例第七条所列问责情形的，依照前款规定处理。上级错误决定明显违法违规的，应当承担相应的责任。

第十八条 有下列情形之一，可以从轻或者减轻问责：

（一）及时采取补救措施，有效挽回损失或者消除不良影响的；

（二）积极配合问责调查工作，主动承担责任的；

（三）党内法规规定的其他从轻、减轻情形。

《中国共产党党员权利保障条例》

第三十三条 党组织应当建立健全激励机制,把党员在推进改革中因缺乏经验、先行先试出现的失误错误,同明知故犯的违纪违法行为区分开来;把尚无明确限制的探索性试验中的失误错误,同明令禁止后依然我行我素的违纪违法行为区分开来;把为推动发展的无意过失,同为谋取私利的违纪违法行为区分开来。正确把握党员在工作中出现失误错误的性质和影响,给予实事求是、客观公正的处理,保护党员担当作为的积极性。

42. 对黄某某予以容错免责案[①]

🔈 **案情介绍**

黄某某,中共党员,某市河流管理局党委书记、局长。2018年4月,该市河流管理局在日常巡检过程中发现,某水库溢洪道闸门存在漏水情况,存在水库安全隐患。为应对即将到来的汛期,该局经研究决定实施水库

---

① 《容错纠错典型指导案例》,载湖北省纪委监委网站,https://www.hbjwjc.gov.cn/xwtt/138865.htm,最后访问日期:2024年4月17日。

闸门及启闭机维修养护和溢洪道闸门止水维修更换项目。经过对以往该流域汛期时间进行比对，该水库水位符合施工条件的工期较短，需在水位上升前完成施工，时间紧迫。在此情况下，经该局党委书记、局长黄某某同意，该项目未进行政府采购，提前安排有相关项目实施经验的该市某水电实业有限责任公司进场施工，事后河流管理局补办了政府采购程序。

市河流管理局实施项目先安排公司施工、后补办政府采购手续，违反了《中华人民共和国政府采购法》《中华人民共和国政府采购法实施条例》的规定，黄某某作为河流管理局党委书记、局长对此应承担主要领导责任。某市纪委监委经研究认为，黄某某为应急抢险违反有关程序法规，应适用"三个区分开来"政策，对黄某某予以容错免责，同时建议该局对排除水库隐患的紧急施工项目提前研判，规范政府采购程序，杜绝同类违法情形再次发生。

容错要点

该市河流管理局和黄某某在实施水库设施维修项目过程中，先安排公司施工、后补办政府采购手续，虽不符合有关规定，但主观动机是为了将群众利益放在首位，积极化解安全隐患，确保在汛期到来前完成整改修复。工作中虽有程序性瑕疵，但没有为个人谋取私利等行为，经综合分析研判，可予以容错。

相关条款

《关于新形势下党内政治生活的若干准则》

建立容错纠错机制，宽容干部在工作中特别是改革创新中的失误。坚持惩前毖后、治病救人，正确对待犯错误的干部，帮助其认识和改正错误。不得混淆干部所犯错误性质或夸大错误程度对干部作出不适当的处理，不得利用干部所犯错误泄私愤、打击报复。

《中国共产党纪律处分条例》

第十七条　有下列情形之一的，可以从轻或者减轻处分：

（一）主动交代本人应当受到党纪处分的问题；

（二）在组织谈话函询、初步核实、立案审查过程中，能够配合核实审查工作，如实说明本人违纪违法事实；

（三）检举同案人或者其他人应当受到党纪处分或者法律追究的问题，经查证属实，或者有其他立功表现；

（四）主动挽回损失、消除不良影响或者有效阻止危害结果发生；

（五）主动上交或者退赔违纪所得；

（六）党内法规规定的其他从轻或者减轻处分情形。

《中国共产党问责条例》

第十七条 有下列情形之一的，可以不予问责或者免予问责：

（一）在推进改革中因缺乏经验、先行先试出现的失误，尚无明确限制的探索性试验中的失误，为推动发展的无意过失；

（二）在集体决策中对错误决策提出明确反对意见或者保留意见的；

（三）在决策实施中已经履职尽责，但因不可抗力、难以预见等因素造成损失的。

对上级错误决定提出改正或者撤销意见未被采纳，而出现本条例第七条所列问责情形的，依照前款规定处理。上级错误决定明显违法违规的，应当承担相应的责任。

第十八条 有下列情形之一，可以从轻或者减轻问责：

（一）及时采取补救措施，有效挽回损失或者消除不良影响的；

（二）积极配合问责调查工作，主动承担责任的；

（三）党内法规规定的其他从轻、减轻情形。

《中国共产党党员权利保障条例》

第三十三条　党组织应当建立健全激励机制，把党员在推进改革中因缺乏经验、先行先试出现的失误错误，同明知故犯的违纪违法行为区分开来；把尚无明确限制的探索性试验中的失误错误，同明令禁止后依然我行我素的违纪违法行为区分开来；把为推动发展的无意过失，同为谋取私利的违纪违法行为区分开来。正确把握党员在工作中出现失误错误的性质和影响，给予实事求是、客观公正的处理，保护党员担当作为的积极性。

43. 对舒某等予以容错减责案[①]

🔊 案情介绍

2016年7月，某市为推动当地经济发展，研究决定

[①] 《容错纠错典型指导案例》，载湖北省纪委监委网站，https://www.hbjwjc.gov.cn/xwtt/138865.htm，最后访问日期：2024年4月17日。

启动龙展馆筹建工作，并明确龙展馆项目主体工程为"两馆一中心"（龙虾博物馆、非物质文化遗产展示馆和新型职业农民培训中心）。同年10月，龙展馆项目立项，项目总投资6.8亿元。龙展馆项目主体工程经公开招投标，按三期推进。在工程推进过程中，基于项目建设对称性以及未来新增功能需要增加更多工程量，调整为"三馆一中心"（龙虾博物馆、非物质文化遗产展示馆、科技馆和新型职业农民培训中心）。龙展馆一期项目超计划投资4900余万元，但未超出整个龙展馆项目总面积；为了加快工程进度，龙展馆二期项目建设指挥部将一条造价为1022.81万元的配套道路建设工程，未经招投标直接指定给主馆项目中标方承建。

上述重大设计变更、超预算未履行报批手续，违反了《湖北省预算内直接投资项目管理办法》有关规定；新增道路工程造价达1022.81万元未招标，违反了《工程建设项目招标范围和规模标准规定》。经核查，时任该项目指挥长舒某等人，对上述问题把关不严，应承担相应责任。鉴于其主观上是为了推动项目建设，客观上存在工期紧张等具体情况，且未发现舒某等责任人员有谋取私利的行为，有关意见也得到了项目指挥部4位市领导会签同意，系集体意见。经综合研判，对有关责任人员予以容错减责，责令舒某作出书面检查。目前龙展馆建成后已成为展示当地龙虾文化的地标性建筑，在招商引资、产业发展、职业培训、文化展览等方面发挥了积极作用，有力推动了当地经济社会发展。

容错要点

在该案中存在个别配套项目应招标而未招标、重大设计变更、超预算未履行报批手续等问题，但考虑到其主观目的是加快推进项目建设，且未发现有谋取私利的行为，客观结果是该展览馆顺利建成，建成使用后产生了很好的综合效应，经综合考量符合可以容错的情形，对相关人员予以容错减责。

相关条款

《关于新形势下党内政治生活的若干准则》

建立容错纠错机制，宽容干部在工作中特别是改革创新中的失误。坚持惩前毖后、治病救人，正确对待犯错误的干部，帮助其认识和改正错误。不得混淆干部所犯错误性质或夸大错误程度对干部作出不适当的处理，不得利用干部所犯错误泄私愤、打击报复。

《中国共产党纪律处分条例》

第十七条 有下列情形之一的，可以从轻或者减轻处分：

（一）主动交代本人应当受到党纪处分的问题；

（二）在组织谈话函询、初步核实、立案审查过程中，能够配合核实审查工作，如实说明本人违纪违法事实；

（三）检举同案人或者其他人应当受到党纪处分或者法律追究的问题，经查证属实，或者有其他立功表现；

（四）主动挽回损失、消除不良影响或者有效阻止危害结果发生；

（五）主动上交或者退赔违纪所得；

（六）党内法规规定的其他从轻或者减轻处分情形。

《中国共产党问责条例》

第十七条 有下列情形之一的，可以不予问责或者免予问责：

（一）在推进改革中因缺乏经验、先行先试出现的失误，尚无明确限制的探索性试验中的失误，为推动发展的无意过失；

（二）在集体决策中对错误决策提出明确反对意见

或者保留意见的；

（三）在决策实施中已经履职尽责，但因不可抗力、难以预见等因素造成损失的。

对上级错误决定提出改正或者撤销意见未被采纳，而出现本条例第七条所列问责情形的，依照前款规定处理。上级错误决定明显违法违规的，应当承担相应的责任。

第十八条 有下列情形之一，可以从轻或者减轻问责：

（一）及时采取补救措施，有效挽回损失或者消除不良影响的；

（二）积极配合问责调查工作，主动承担责任的；

（三）党内法规规定的其他从轻、减轻情形。

《中国共产党党员权利保障条例》

第三十三条 党组织应当建立健全激励机制，把党员在推进改革中因缺乏经验、先行先试出现的失误错误，同明知故犯的违纪违法行为区分开来；把尚无明确限制的探索性试验中的失误错误，同明令禁止后依然我行我素的违纪违法行为区分开来；把为推动发展的无意过失，同为谋取私利的违纪违法行为区分开来。正确把握党员在工作中出现失误错误的性质和影响，给予实事求是、客观公正的处理,保护党员担当作为的积极性。

44. 对某区政府突破土地政策予以容错免责案[①]

🔊 案情介绍

A市B区政府启动汉宜村安置房项目,该项目涉及地块之一系A市某塑料厂职工集资宿舍所在地。因历史问题该处集资房产于1994年建成后一直未办理土地和房屋证照,不能按照国有土地征迁政策或农村集体土地征迁政策进行征迁补偿,12户居民因不能享受征迁政策,怨声载道。为解决历史遗留问题,最大程度维护群众利益,尽快推进相关安置房建设项目,B区政府第一时间召开专题会议,邀请司法局、审计局、新区办、住房保障中心、城投公司、规划部门等单位相关人员充分讨论,并主动听取律师等法律专业人士意见,研究提出参照农村集体土地征收政策为上述12户居民单独制定

[①] 《湖北省容错纠错典型指导案例》,载湖北省人民政府网,http://www.hubei.gov.cn/zwgk/hbyw/hbywqb/202307/t20230706_4734895.shtml,最后访问日期:2024年4月17日。

征迁补偿方案，但仍突破了现有土地征收政策。为此，该项目牵头负责部门新区办向区纪委监委提出风险报备申请。经审核认为，新区办创新便民利民服务举措，以自身的担当维护群众的安居乐业，同意对上述12户居民参照农村集体土地征收政策单独制定征迁补偿方案的事项实施风险报备，予以容错。同时强调纪律要求，督促做好过程管理和风险防范，防止执行出现偏差，避免发生违规违纪违法行为。

容错要点

B区政府为维护群众利益及社会和谐稳定，主动担当作为、积极突破障碍，虽违反了现有相关土地政策规定，但总体上有利于解决历史遗留问题、化解矛盾纠纷，将执纪执法为民作为工作的出发点和落脚点，可予以容错。

相关条款

《关于新形势下党内政治生活的若干准则》

建立容错纠错机制，宽容干部在工作中特别是改革创新中的失误。坚持惩前毖后、治病救人，正确对待犯错误的干部，帮助其认识和改正错误。不得混淆干部所犯错误性质或夸大错误程度对干部作出不适当的处理，不得利用干部所犯错误泄私愤、打击报复。

《中国共产党纪律处分条例》

第十七条　有下列情形之一的，可以从轻或者减轻处分：

（一）主动交代本人应当受到党纪处分的问题；

（二）在组织谈话函询、初步核实、立案审查过程中，能够配合核实审查工作，如实说明本人违纪违法事实；

（三）检举同案人或者其他人应当受到党纪处分或者法律追究的问题，经查证属实，或者有其他立功表现；

（四）主动挽回损失、消除不良影响或者有效阻止危害结果发生；

（五）主动上交或者退赔违纪所得；

（六）党内法规规定的其他从轻或者减轻处分情形。

《中国共产党问责条例》

第十七条　有下列情形之一的，可以不予问责或者免予问责：

（一）在推进改革中因缺乏经验、先行先试出现的失误，尚无明确限制的探索性试验中的失误，为推动发展的无意过失；

（二）在集体决策中对错误决策提出明确反对意见或者保留意见的；

（三）在决策实施中已经履职尽责，但因不可抗力、难以预见等因素造成损失的。

对上级错误决定提出改正或者撤销意见未被采纳，而出现本条例第七条所列问责情形的，依照前款规定处理。上级错误决定明显违法违规的，应当承担相应的责任。

第十八条 有下列情形之一，可以从轻或者减轻问责：

（一）及时采取补救措施，有效挽回损失或者消除不良影响的；

（二）积极配合问责调查工作，主动承担责任的；

（三）党内法规规定的其他从轻、减轻情形。

《中国共产党党员权利保障条例》

第三十三条 党组织应当建立健全激励机制，把党员在推进改革中因缺乏经验、先行先试出现的失误错误，同明知故犯的违纪违法行为区分开来；把尚无明确限制的探索性试验中的失误错误，同明令禁止后依然我行我素的违纪违法行为区分开来；把为推动发展的无意过失,同为谋取私利的违纪违法行为区分开来。正确把握党员在工作中出现失误错误的性质和影响,给予实事求是、客观公正的处理,保护党员担当作为的积极性。

45. 对某市残联未经审批扩大财政资金使用范围问题予以容错免责案[①]

案情介绍

2018年8月,某市残疾人联合会(简称某市残联)经市政府审批,通过无偿划拨取得某精神病医院(民办非企业组织,院区土地为国有划拨土地)原绿化区域的土地使用权,用于建设托养中心大楼。项目预算830万元,资金来源为财政专项资金,该大楼主体工程建设实际使用资金670万元。同年6月,托养中心大楼正式启用。2019年8月,为进一步完善托养中心基础设施,经市残联党组会研究决定,由时任党组成员、副理事长郭某某(分管托养中心)具体负责后续项目建设。郭某某

---

① 《关于宜昌5起容错纠错典型案例的通报》,载宜昌市人民政府网,http://www.yichang.gov.cn/html/zhengwuyizhantong/zhengwuzixun/jinriyaowen/2023/0905/1054216.html,最后访问日期:2024年4月17日。

接手工作任务后，经充分征求意见并提请市残联党组会研究同意，将该医院大楼后的部分地面刷黑工程纳入托养中心大楼配套项目建设范围，并通过招投标选定施工单位进行施工，项目合同金额约20.85万元，决算金额约20.84万元（其中医院大楼后区域刷黑面积约1000㎡，涉及金额约10万元）。2019年12月，该项目完工并支付工程款。

2022年4月，该市委巡察发现该市残联在对托养中心大楼院内刷黑项目中，擅自将医院大楼后部分地面纳入刷黑范围的问题。根据该市《财政专项资金管理暂行办法》相关规定，财政专项资金应用于经上级部门文件批复的中央、省、市投资项目及纳入财政预算安排或经市委、市政府批准确定的本级政府投资项目，市残联未按要求向市政府报告使用财政专项资金对医院大楼后部分地面进行刷黑事项。

2023年7月，市纪委监委核查期间，市残联提出将医院大楼后部分地面纳入托养中心大楼院内刷黑范围的四点理由：一是医院用地性质为国有划拨，虽然地上建筑物为医院所有，但因该医院属于非营利性民办企业，不能随意进行变卖处置；二是托养中心和医院场地相连，统一刷黑院内地面可以提升整体美观度，以满足创建全国文明城市需要；三是两单位业务互通互融，医院大楼后区域可用于市残联入托残疾病人户外活动以及工作车辆停放；四是医院有服务残疾人的相关业务，市残联作为管理服务全市残疾人的职能部门，可以对医院进行适当扶持。2023年8月，经市纪委监委研究，决定对相关人员予以容错免责。

容错要点

本案中，市残联将医院大楼后部分地面一并纳入托养中心大楼院内刷黑范围，违反了财政专项资金使用的相关程序规定和用途，实属有错，但一方面其初衷是出于公心，更好服务残疾人，推动公共事业发展；另一方面该提议经过党组集体研究决定，在此过程中未发现其滥用职权、为他人输送利益的情况，亦未造成其他损失，可以予以容错。

相关条款

《关于新形势下党内政治生活的若干准则》

建立容错纠错机制，宽容干部在工作中特别是改革创新中的失误。坚持惩前毖后、治病救人，正确对待犯错误的干部，帮助其认识和改正错误。不得混淆干部所犯错误性质或夸大错误程度对干部作出不适当的处理，不得利用干部所犯错误泄私愤、打击报复。

《中国共产党纪律处分条例》

第十七条 有下列情形之一的，可以从轻或者减轻处分：

（一）主动交代本人应当受到党纪处分的问题；

（二）在组织谈话函询、初步核实、立案审查过程中，能够配合核实审查工作，如实说明本人违纪违法事实；

（三）检举同案人或者其他人应当受到党纪处分或者法律追究的问题，经查证属实，或者有其他立功表现；

（四）主动挽回损失、消除不良影响或者有效阻止危害结果发生；

（五）主动上交或者退赔违纪所得；

（六）党内法规规定的其他从轻或者减轻处分情形。

《中国共产党问责条例》

第十七条 有下列情形之一的，可以不予问责或者免予问责：

（一）在推进改革中因缺乏经验、先行先试出现的失误，尚无明确限制的探索性试验中的失误，为推动发展的无意过失；

（二）在集体决策中对错误决策提出明确反对意见

或者保留意见的；

（三）在决策实施中已经履职尽责，但因不可抗力、难以预见等因素造成损失的。

对上级错误决定提出改正或者撤销意见未被采纳，而出现本条例第七条所列问责情形的，依照前款规定处理。上级错误决定明显违法违规的，应当承担相应的责任。

第十八条 有下列情形之一，可以从轻或者减轻问责：

（一）及时采取补救措施，有效挽回损失或者消除不良影响的；

（二）积极配合问责调查工作，主动承担责任的；

（三）党内法规规定的其他从轻、减轻情形。

《中国共产党党员权利保障条例》

第三十三条 党组织应当建立健全激励机制，把党员在推进改革中因缺乏经验、先行先试出现的失误错误，同明知故犯的违纪违法行为区分开来；把尚无明确限制的探索性试验中的失误错误，同明令禁止后依然我行我素的违纪违法行为区分开来；把为推动发展的无意过失，同为谋取私利的违纪违法行为区分开来。正确把握党员在工作中出现失误错误的性质和影响，给予实事求是、客观公正的处理，保护党员担当作为的积极性。

附录：

中国共产党纪律处分条例

（2003年12月23日中共中央政治局会议审议批准 2003年12月31日中共中央发布 2023年12月8日中共中央政治局会议第三次修订 2023年12月19日中共中央发布）

第一编 总　　则

第一章　总体要求和适用范围

第一条　【制定目的】① 为了维护党章和其他党内法规，严肃党的纪律，纯洁党的组织，保障党员民主权利，教育党员遵纪守法，维护党的团结统一，保证党的理论、路线、方针、政策、决议和国家法律法规的贯彻执行，根据《中国共产党章程》，制定本条例。

第二条　【指导思想】党的纪律建设必须坚持以马克思列宁主义、毛泽东思想、邓小平理论、"三个代表"重要思想、科学发展观、习近平新时代中国特色社会主

---

① 本书中的条文主旨均为编者所加，仅供读者参考检索。

义思想为指导，坚持和加强党的全面领导，坚决维护习近平总书记党中央的核心、全党的核心地位，坚决维护以习近平同志为核心的党中央权威和集中统一领导，弘扬伟大建党精神，坚持自我革命，贯彻全面从严治党战略方针，落实新时代党的建设总要求，推动解决大党独有难题、健全全面从严治党体系，全面加强党的纪律建设，为以中国式现代化全面推进强国建设、民族复兴伟业提供坚强纪律保障。

第三条 【遵守党章党纪】党章是最根本的党内法规，是管党治党的总规矩。党的纪律是党的各级组织和全体党员必须遵守的行为规则。党组织和党员必须坚守初心使命，牢固树立政治意识、大局意识、核心意识、看齐意识，始终坚定道路自信、理论自信、制度自信、文化自信，切实践行正确的权力观、政绩观、事业观，自觉遵守和维护党章，严格执行和维护党的纪律，自觉接受党的纪律约束，模范遵守国家法律法规。

第四条 【党的纪律处分工作的原则】党的纪律处分工作遵循下列原则：

（一）坚持党要管党、全面从严治党。把严的基调、严的措施、严的氛围长期坚持下去，加强对党的各级组织和全体党员的教育、管理和监督，把纪律挺在前面，抓早抓小、防微杜渐。

（二）党纪面前一律平等。对违犯党纪的党组织和党员必须严肃、公正执行纪律，党内不允许有任何不受纪律约束的党组织和党员。

（三）实事求是。对党组织和党员违犯党纪的行为，应当以事实为依据，以党章、其他党内法规和国家法律法规为准绳，执纪执法贯通，准确认定行为性质，区别不同情况，恰当予以处理。

（四）民主集中制。实施党纪处分，应当按照规定程序经党组织集体讨论决定，不允许任何个人或者少数人擅自决定和批准。上级党组织对违犯党纪的党组织和党员作出的处理决定，下级党组织必须执行。

（五）惩前毖后、治病救人。处理违犯党纪的党组织和党员，应当实行惩戒与教育相结合，做到宽严相济。

第五条　【监督执纪的四种形态】深化运用监督执纪"四种形态"，经常开展批评和自我批评，及时进行谈话提醒、批评教育、责令检查、诫勉，让"红红脸、出出汗"成为常态；党纪轻处分、组织调整成为违纪处理的大多数；党纪重处分、重大职务调整的成为少数；严重违纪涉嫌犯罪追究刑事责任的成为极少数。

第六条 【适用范围】本条例适用于违犯党纪应当受到党纪责任追究的党组织和党员。

第二章 违纪与纪律处分

第七条 【违纪必究及重点查处的问题】党组织和党员违反党章和其他党内法规，违反国家法律法规，违反党和国家政策，违反社会主义道德，危害党、国家和人民利益的行为，依照规定应当给予纪律处理或者处分的，都必须受到追究。

重点查处党的十八大以来不收敛、不收手，问题线索反映集中、群众反映强烈，政治问题和经济问题交织的腐败案件，违反中央八项规定精神的问题。

第八条 【对党员的纪律处分种类】对党员的纪律处分种类：

（一）警告；

（二）严重警告；

（三）撤销党内职务；

（四）留党察看；

（五）开除党籍。

第九条 【对党组织的纪律处分】对于违犯党纪的党组织，上级党组织应当责令其作出书面检查或者给予通报批评。对于严重违犯党纪、本身又不能纠正的党组织，上一级党的委员会在查明核实后，根据情节严重的程度，可以予以：

（一）改组；

（二）解散。

第十条 【警告和严重警告】党员受到警告处分一年内、受到严重警告处分一年半内，不得在党内提拔职务或者进一步使用，也不得向党外组织推荐担任高于其原任职务的党外职务或者进一步使用。

第十一条 【撤销党内职务、党外职务】撤销党内职务处分，是指撤销受处分党员由党内选举或者组织任命的党内职务。对于在党内担任两个以上职务的，党组织在作处分决定时，应当明确是撤销其一切职务还是一个或者几个职务。如果决定撤销其一个职务，必须撤销其担任的最高职务。如果决定撤销其两个以上职务，则必须从其担任的最高职务开始依次撤销。对于在党外组织担任职务的，应当建议党外组织撤销其党外职务。

对于在立案审查中因涉嫌违犯党纪被免职的党员，审查后依照本条例规定应当给予撤销党内职务处分的，应当按照其原任职务给予撤销党内职务处分。对于应当受到撤销党内职务处分，但是本人没有担任党内职务的，应当给予其严重警告处分。同时，在党外组织担任职务的，应当建议党外组织撤销其党外职务。

党员受到撤销党内职务处分，或者依照前款规定受到严重警告处分的，二年内不得在党内担任和向党外组织推荐担任与其原任职务相当或者高于其原任职务的职务。

第十二条 【留党察看】留党察看处分，分为留党察看一年、留党察看二年。对于受到留党察看处分一年的党员，期满后仍不符合恢复党员权利条件的，应当延长一年留党察看期限。留党察看期限最长不得超过二年。

党员受留党察看处分期间，没有表决权、选举权和被选举权。留党察看期间，确有悔改表现的，期满后恢复其党员权利；坚持不改或者又发现其他应当受到党纪处分的违纪行为的，应当开除党籍。

党员受到留党察看处分，其党内职务自然撤销。对于担任党外职务的，应当建议党外组织撤销其党外职务。受到留党察看处分的党员，恢复党员权利后二年内，不得在党内担任和向党外组织推荐担任与其原任职务相当或者高于其原任职务的职务。

第十三条 【开除党籍】党员受到开除党籍处分，

五年内不得重新入党，也不得推荐担任与其原任职务相当或者高于其原任职务的党外职务。另有规定不准重新入党的，依照规定。

第十四条　【组织处理与终止党代表资格】党员干部受到党纪处分，需要同时进行组织处理的，党组织应当按照规定给予组织处理。

党的各级代表大会的代表受到留党察看以上处分的，党组织应当终止其代表资格。

第十五条　【党组织改组的领导机构成员均免职】对于受到改组处理的党组织领导机构成员，除应当受到撤销党内职务以上处分的外，均自然免职。

第十六条　【党组织解散的应逐个审查党员】对于受到解散处理的党组织中的党员，应当逐个审查。其中，符合党员条件的，应当重新登记，并参加新的组织过党的生活；不符合党员条件的，应当对其进行教育、限期改正，经教育仍无转变的，予以劝退或者除名；有违纪行为的，依照规定予以追究。

第三章　纪律处分运用规则

第十七条　【从轻或者减轻处分的情形】有下列情形之一的，可以从轻或者减轻处分：

（一）主动交代本人应当受到党纪处分的问题；

（二）在组织谈话函询、初步核实、立案审查过程中，能够配合核实审查工作，如实说明本人违纪违法事实；

（三）检举同案人或者其他人应当受到党纪处分或者法律追究的问题，经查证属实，或者有其他立功表现；

（四）主动挽回损失、消除不良影响或者有效阻止危害结果发生；

（五）主动上交或者退赔违纪所得；

（六）党内法规规定的其他从轻或者减轻处分情形。

第十八条 【中央纪委特批减轻处分】根据案件的特殊情况，由中央纪委决定或者经省（部）级纪委（不含副省级市纪委）决定并呈报中央纪委批准，对违纪党员也可以在本条例规定的处分幅度以外减轻处分。

第十九条 【免予处分、不予党纪处分、不追究党纪责任】对于党员违犯党纪应当给予警告或者严重警告处分，但是具有本条例第十七条规定的情形之一或者本条例分则中另有规定的，可以给予批评教育、责令检查、诫勉或者组织处理，免予党纪处分。对违纪党员免予处分，应当作出书面结论。

党员有作风纪律方面的苗头性、倾向性问题或者违犯党纪情节轻微的,可以给予谈话提醒、批评教育、责令检查等,或者予以诫勉,不予党纪处分。

党员行为虽然造成损失或者后果,但不是出于故意或者过失,而是由于不可抗力等原因所引起的,不追究党纪责任。

第二十条 【从重或者加重处分的情形】有下列情形之一的,应当从重或者加重处分:

(一)强迫、唆使他人违纪;

(二)拒不上交或者退赔违纪所得;

(三)违纪受处分后又因故意违纪应当受到党纪处分;

(四)违纪受处分后,又被发现其受处分前没有交代的其他应当受到党纪处分的问题;

(五)党内法规规定的其他从重或者加重处分情形。

第二十一条 【影响期的计算】党员在党纪处分影响期内又受到党纪处分的,其影响期为原处分尚未执行的影响期与新处分影响期之和。

第二十二条 【从轻处分与从重处分的含义】从轻处分,是指在本条例规定的违纪行为应当受到的处分幅度以内,给予较轻的处分。

从重处分,是指在本条例规定的违纪行为应当受到的处分幅度以内,给予较重的处分。

第二十三条 【减轻处分与加重处分的含义】减轻处分,是指在本条例规定的违纪行为应当受到的处分幅度以外,减轻一档给予处分。

加重处分,是指在本条例规定的违纪行为应当受到的处分幅度以外,加重一档给予处分。

本条例规定的只有开除党籍处分一个档次的违纪行为,不适用第一款减轻处分的规定。

第二十四条 【一人有两种以上违纪行为的合并处理】一人有本条例规定的两种以上应当受到党纪处分的违纪行为,应当合并处理,按其数种违纪行为中应当受到的最高处分加重一档给予处分;其中一种违纪行为应当受到开除党籍处分的,应当给予开除党籍处分。

第二十五条 【一个行为触犯两个以上条款的处理】一个违纪行为同时触犯本条例两个以上条款的,依照处分较重的条款定性处理。

一个条款规定的违纪构成要件全部包含在另一个条款规定的违纪构成要件中,特别规定与一般规定不一致的,适用特别规定。

第二十六条 【两人以上共同故意违纪的处理】二

人以上共同故意违纪的，对为首者，从重处分，本条例另有规定的除外；对其他成员，按照其在共同违纪中所起的作用和应负的责任，分别给予处分。

对于经济方面共同违纪的，按照个人参与数额及其所起作用，分别给予处分。对共同违纪的为首者，情节严重的，按照共同违纪的总数额处分。

教唆他人违纪的，应当按照其在共同违纪中所起的作用追究党纪责任。

第二十七条　【党组织领导机构集体违纪的处理】党组织领导机构集体作出违犯党纪的决定或者实施其他违犯党纪的行为，对具有共同故意的成员，按共同违纪处理；对过失违纪的成员，按照各自在集体违纪中所起的作用和应负的责任分别给予处分。

第四章　对违法犯罪党员的纪律处分

第二十八条　【违法犯罪党员的党纪处分】对违法犯罪的党员，应当按照规定给予党纪处分，做到适用纪律和适用法律有机融合，党纪政务等处分相匹配。

第二十九条　【对涉嫌犯罪的党员的党纪处分】党组织在纪律审查中发现党员有贪污贿赂、滥用职权、玩忽职守、权力寻租、利益输送、徇私舞弊、浪费国家资财等违反法律涉嫌犯罪行为的，应当给予撤销党内职务、留党察看或者开除党籍处分。

第三十条 【对不涉及犯罪但须追究党纪责任的党员的党纪处分】党组织在纪律审查中发现党员有刑法规定的行为，虽不构成犯罪但须追究党纪责任的，或者有其他破坏社会主义市场经济秩序、违反治安管理等违法行为，损害党、国家和人民利益的，应当视具体情节给予警告直至开除党籍处分。

违反国家财经纪律，在公共资金收支、税务管理、国有资产管理、政府采购管理、金融管理、财务会计管理等财经活动中有违法行为的，依照前款规定处理。

党员有嫖娼或者吸食、注射毒品等丧失党员条件，严重败坏党的形象行为的，应当给予开除党籍处分。

第三十一条 【对违法犯罪党员的处理程序】党组织在纪律审查中发现党员严重违纪涉嫌违法犯罪的，原则上先作出党纪处分决定，并按照规定由监察机关给予政务处分或者由任免机关（单位）给予处分后，再移送有关国家机关依法处理。

第三十二条 【对被留置、逮捕党员的处理】党员被依法留置、逮捕的，党组织应当按照管理权限中止其表决权、选举权和被选举权等党员权利。根据监察机关、司法机关处理结果，可以恢复其党员权利的，应当及时予以恢复。

第三十三条 【对犯罪情节轻微的党员的处理】党员犯罪情节轻微，人民检察院依法作出不起诉决定的，或者人民法院依法作出有罪判决并免予刑事处罚的，应当给予撤销党内职务、留党察看或者开除党籍处分。

党员犯罪，被单处罚金的，依照前款规定处理。

第三十四条 【因犯罪开除党籍的情形】党员犯罪，有下列情形之一的，应当给予开除党籍处分：

（一）因故意犯罪被依法判处刑法规定的主刑（含宣告缓刑）；

（二）被单处或者附加剥夺政治权利；

（三）因过失犯罪，被依法判处三年以上（不含三年）有期徒刑。

因过失犯罪被判处三年以下有期徒刑或者被判处管制、拘役的，一般应当开除党籍。对于个别可以不开除党籍的，应当对照处分违纪党员批准权限的规定，报请再上一级党组织批准。

第三十五条 【对受到刑事、行政或党纪处分的党员的处理】党员依法受到刑事责任追究的，党组织应当根据司法机关的生效判决、裁定、决定及其认定的事实、性质和情节，依照本条例规定给予党纪处分，是公职人员的由监察机关给予相应政务处分或者由任免机关（单位）给予相应处分。

党员依法受到政务处分、任免机关（单位）给予的处分、行政处罚，应当追究党纪责任的，党组织可以根据生效的处分、行政处罚决定认定的事实、性质和情节，经核实后依照规定给予相应党纪处分或者组织处理。其中，党员依法受到撤职以上处分的，应当依照本条例规定给予撤销党内职务以上处分。

党员违反国家法律法规、企事业单位或者其他社会组织的规章制度受到其他处分，应当追究党纪责任的，党组织在对有关方面认定的事实、性质和情节进行核实后，依照规定给予相应党纪处分或者组织处理。

党组织作出党纪处分或者组织处理决定后，监察机关、司法机关、行政机关等依法改变原生效判决、裁定、决定等，对原党纪处分或者组织处理决定产生影响的，党组织应当根据改变后的生效判决、裁定、决定等重新作出相应处理。

第五章 其他规定

第三十六条 【对预备党员违纪的处理】 预备党员

违犯党纪，情节较轻，可以保留预备党员资格的，党组织应当对其批评教育或者延长预备期；情节较重的，应当取消其预备党员资格。

第三十七条 【对违纪后下落不明党员的处理】对违纪后下落不明的党员，应当区别情况作出处理：

（一）对有严重违纪行为，应当给予开除党籍处分的，党组织应当作出决定，开除其党籍；

（二）除前项规定的情况外，下落不明时间超过六个月的，党组织应当按照党章规定对其予以除名。

第三十八条 【对受处分前死亡的违纪党员的处理】违纪党员在党组织作出处分决定前死亡，或者在死亡之后发现其曾有严重违纪行为，对于应当给予开除党籍处分的，开除其党籍；对于应当给予留党察看以下处分的，作出违犯党纪的书面结论和相应处理。

第三十九条 【违纪行为有关责任人员的区分】违纪行为有关责任人员的区分：

（一）直接责任者，是指在其职责范围内，不履行或者不正确履行自己的职责，对造成的损失或者后果起决定性作用的党员或者党员领导干部；

（二）主要领导责任者，是指在其职责范围内，对主管的工作不履行或者不正确履行职责，对造成的损失或者后果负直接领导责任的党员领导干部；

（三）重要领导责任者，是指在其职责范围内，对应管的工作或者参与决定的工作不履行或者不正确履行职责，对造成的损失或者后果负次要领导责任的党员领导干部。

本条例所称领导责任者，包括主要领导责任者和重要领导责任者。

第四十条 【主动交代的含义】本条例所称主动交代，是指涉嫌违纪的党员在组织谈话函询、初步核实前向有关组织交代自己的问题，或者在谈话函询、初步核实和立案审查期间交代组织未掌握的问题。

第四十一条 【对违纪党员干部职级、单独职务序列等级的调整】担任职级、单独职务序列等级的党员干部违犯党纪受到处分，需要对其职级、单独职务序列等级进行调整的，参照本条例关于党外职务的规定执行。

第四十二条 【经济损失的计算】计算经济损失应当计算立案时已经实际造成的全部财产损失，包括为挽回违纪行为所造成损失而支付的各种开支、费用。立案后至处理前持续发生的经济损失，应当一并计算在内。

第四十三条 【对违纪所获利益的处理】对于违纪行为所获得的经济利益，应当收缴或者责令退赔。对于主动上交的违纪所得和经济损失赔偿，应当予以接收，并按照规定收缴或者返还有关单位、个人。

对于违纪行为所获得的职务、职级、职称、学历、学位、奖励、资格等其他利益，应当由承办案件的纪检机关或者由其上级纪检机关建议有关组织、部门、单位按照规定予以纠正。

对于依照本条例第三十七条、第三十八条规定处理的党员，经调查确属其实施违纪行为获得的利益，依照本条规定处理。

第四十四条 【党纪处分决定的宣布与执行】党纪处分决定作出后，应当在一个月内向受处分党员所在党的基层组织中的全体党员及其本人宣布，是领导班子成员的还应当向所在党组织领导班子宣布，并按照干部管理权限和组织关系将处分决定材料归入受处分者档案；对于受到撤销党内职务以上处分的，还应当在一个月内办理职务、工资、工作及其他有关待遇等相应变更手续；涉及撤销或者调整其党外职务的，应当建议党外组织及时撤销或者调整其党外职务。特殊情况下，经作出或者批准作出处分决定的组织批准，可以适当延长办理期限。办理期限最长不得超过六个月。

第四十五条 【党纪处分决定执行情况报告与党员

申诉】执行党纪处分决定的机关或者受处分党员所在单位,应当在六个月内将处分决定的执行情况向作出或者批准处分决定的机关报告。

党员对所受党纪处分不服的,可以依照党章及有关规定提出申诉。

第四十六条 【党纪处分影响期满后无需取消】党员因违犯党纪受到处分,影响期满后,党组织无需取消对其的处分。

第四十七条 【对"以上""以下"的说明】本条例所称以上、以下,除有特别标明外均含本级、本数。

第四十八条 【本条例总则与其他党内法规的关系】本条例总则适用于有党纪处分规定的其他党内法规,但是中共中央发布或者批准发布的其他党内法规有特别规定的除外。

第二编 分　　则

第六章　对违反政治纪律行为的处分

第四十九条 【对在重大原则问题上不同党中央保持一致行为的处分】在重大原则问题上不同党中央保持一致且有实际言论、行为或者造成不良后果的,给予警告或者严重警告处分；情节较重的，给予撤销党内职务或者留党察看处分；情节严重的，给予开除党籍处分。

第五十条 【对公开发表反党言论行为的处分】通过网络、广播、电视、报刊、传单、书籍等，或者利用讲座、论坛、报告会、座谈会等方式，公开发表坚持资产阶级自由化立场、反对四项基本原则，反对党的改革开放决策的文章、演说、宣言、声明等的，给予开除党籍处分。

发布、播出、刊登、出版前款所列文章、演说、宣言、声明等或者为上述行为提供方便条件的，对直接责任者和领导责任者，给予严重警告或者撤销党内职务处分；情节严重的，给予留党察看或者开除党籍处分。

第五十一条 【对公开发表歪曲言论、妄议大政方针、丑化党和国家形象等行为的处分】通过网络、广播、电视、报刊、传单、书籍等，或者利用讲座、论坛、报告会、座谈会等方式，有下列行为之一，情节较轻的，给予警告或者严重警告处分；情节较重的，给予撤销党内职务或者留党察看处分；情节严重的，给予开除党籍处分：

（一）公开发表违背四项基本原则，违背、歪曲党的改革开放决策，或者其他有严重政治问题的文章、演说、宣言、声明等；

（二）妄议党中央大政方针，破坏党的集中统一；

（三）丑化党和国家形象，或者诋毁、诬蔑党和国家领导人、英雄模范，或者歪曲党的历史、中华人民共和国历史、人民军队历史。

发布、播出、刊登、出版前款所列内容或者为上述行为提供方便条件的，对直接责任者和领导责任者，给予严重警告或者撤销党内职务处分；情节严重的，给予留党察看或者开除党籍处分。

第五十二条 【对制作、贩卖、传播反党读物和视听资料，私自携带、寄递以上物品入出境，私自阅看、浏览、收听以上物品行为的处分】制作、贩卖、传播第五十条、第五十一条所列内容之一的报刊、书籍、音像制品、电子读物，以及网络文本、图片、音频、视频资料等，情节较轻的，给予警告或者严重警告处分；情节较重的，给予撤销党内职务或者留党察看处分；情节严重的，给予开除党籍处分。

私自携带、寄递第五十条、第五十一条所列内容之一的报刊、书籍、音像制品、电子读物等入出境，情节较重的，给予警告或者严重警告处分；情节严重的，给予撤销党内职务、留党察看或者开除党籍处分。

私自阅看、浏览、收听第五十条、第五十一条所列内容之一的报刊、书籍、音像制品、电子读物，以及网络文本、图片、音频、视频资料等，情节严重的，给予警告、严重警告或者撤销党内职务处分。

第五十三条 【对组织、参加秘密集团或其他分裂党的活动行为的处分】在党内组织秘密集团或者组织其他分裂党的活动的，给予开除党籍处分。

参加秘密集团或者参加其他分裂党的活动的，给予留党察看或者开除党籍处分。

第五十四条 【对搞非组织活动、捞取政治资本行为，导致政治生态恶化行为的处分】在党内搞团团伙伙、结党营私、拉帮结派、政治攀附、培植个人势力等非组织活动，或者通过搞利益交换、为自己营造声势等活动捞取政治资本的，给予严重警告或者撤销党内职务处分；导致本地区、本部门、本单位政治生态恶化的，给予留党察看或者开除党籍处分。

第五十五条 【对搞投机钻营、结交政治骗子或被政治骗子利用、充当政治骗子行为的处分】搞投机钻营，结交政治骗子或者被政治骗子利用的，给予严重警告或者撤销党内职务处分；情节严重的，给予留党察看或者开除党籍处分。

充当政治骗子的，给予撤销党内职务、留党察看或者开除党籍处分。

第五十六条 【对搞山头主义、对抗党和国家政策、搞部门或地方保护主义行为的处分】党员领导干部在本人主政的地方或者分管的部门自行其是，搞山头主义，拒不执行党中央确定的大政方针，甚至背着党中央另搞一套的，给予撤销党内职务、留党察看或者开除党籍处分。

贯彻党中央决策部署只表态不落实，或者落实党中央决策部署不坚决、打折扣、搞变通，在政治上造成不良影响或者严重后果的，给予警告或者严重警告处分；情节严重的，给予撤销党内职务、留党察看或者开除党籍处分。

不顾党和国家大局，搞部门或者地方保护主义的，依照前款规定处理。

第五十七条 【对违背新发展理念、背离高质量发展要求行为的处分】党员领导干部政绩观错位，违背新发展理念、背离高质量发展要求，给党、国家和人民利益造成较大损失的，给予警告或者严重警告处分；情节较重的，给予撤销党内职务或者留党察看处分；情节严重的，给予开除党籍处分。

搞劳民伤财的"形象工程"、"政绩工程"的，从重或者加重处分。

第五十八条 【对党不忠诚不老实、做两面人等行为的处分】对党不忠诚不老实，表里不一，阳奉阴违，欺上瞒下，搞两面派，做两面人，在政治上造成不良影响的，给予警告或者严重警告处分；情节较重的，给予撤销党内职务或者留党察看处分；情节严重的，给予开除党籍处分。

第五十九条 【对制造、散布、传播政治谣言行为的处分】制造、散布、传播政治谣言，破坏党的团结统一的，给予警告或者严重警告处分；情节较重的，给予撤销党内职务或者留党察看处分；情节严重的，给予开除党籍处分。

政治品行恶劣，匿名诬告，有意陷害或者制造其他谣言，造成损害或者不良影响的，依照前款规定处理。

第六十条 【对擅自对重大政策问题作出决定、对外发表主张行为的处分】擅自对应当由党中央决定的重大政策问题作出决定、对外发表主张的，对直接责任者和领导责任者，给予严重警告或者撤销党内职务处分；情节严重的，给予留党察看或者开除党籍处分。

第六十一条 【对不按规定请示、报告行为的处分】不按照有关规定向组织请示、报告重大事项，对直接责任者和领导责任者，情节较重的，给予警告或者严重警告处分；情节严重的，给予撤销党内职务或者留党察看处分。

第六十二条 【对干扰巡视巡察工作或不落实巡视巡察整改要求行为的处分】干扰巡视巡察工作或者不落实巡视巡察整改要求，对直接责任者和领导责任者，情节较轻的，给予警告或者严重警告处分；情节较重的，给予撤销党内职务或者留党察看处分；情节严重的，给予开除党籍处分。

第六十三条 【对对抗组织审查行为的处分】对抗组织审查，有下列行为之一的，给予警告或者严重警告处分；情节较重的，给予撤销党内职务或者留党察看处分；情节严重的，给予开除党籍处分：

（一）串供或者伪造、销毁、转移、隐匿证据；

（二）阻止他人揭发检举、提供证据材料；

（三）包庇同案人员；

（四）向组织提供虚假情况，掩盖事实；

（五）其他对抗组织审查行为。

第六十四条 【对组织、参加反党活动行为的处分】组织、参加反对党的基本理论、基本路线、基本方略或者重大方针政策的集会、游行、示威等活动的，或者以组织讲座、论坛、报告会、座谈会等方式，反对党的基本理论、基本路线、基本方略或者重大方针政策，造成严重不良影响的，对策划者、组织者和骨干分子，给予开除党籍处分。

对其他参加人员或者以提供信息、资料、财物、场地等方式支持上述活动者，情节较轻的，给予警告或者严重警告处分；情节较重的，给予撤销党内职务或者留党察看处分；情节严重的，给予开除党籍处分。

对不明真相被裹挟参加，经批评教育后确有悔改表现的，可以免予处分或者不予处分。

未经组织批准参加其他集会、游行、示威等活动，情节较轻的，给予警告或者严重警告处分；情节较重的，给予撤销党内职务或者留党察看处分；情节严重的，给予开除党籍处分。

第六十五条　【对组织、参加反党组织行为的处分】组织、参加旨在反对党的领导、反对社会主义制度或者敌视政府等组织的，对策划者、组织者和骨干分子，给予开除党籍处分。

对其他参加人员，情节较轻的，给予警告或者严重警告处分；情节较重的，给予撤销党内职务或者留党察看处分；情节严重的，给予开除党籍处分。

第六十六条 【对组织、参加邪教组织行为的处分】组织、参加会道门或者邪教组织的，对策划者、组织者和骨干分子，给予开除党籍处分。

对其他参加人员，情节较轻的，给予警告或者严重警告处分；情节较重的，给予撤销党内职务或者留党察看处分；情节严重的，给予开除党籍处分。

对不明真相的参加人员，经批评教育后确有悔改表现的，可以免予处分或者不予处分。

第六十七条 【对挑拨、破坏民族关系或参加民族分裂活动行为的处分】从事、参与挑拨破坏民族关系制造事端或者参加民族分裂活动的，对策划者、组织者和骨干分子，给予开除党籍处分。

对其他参加人员，情节较轻的，给予警告或者严重警告处分；情节较重的，给予撤销党内职务或者留党察看处分；情节严重的，给予开除党籍处分。

对不明真相被裹挟参加，经批评教育后确有悔改表现的，可以免予处分或者不予处分。

有其他违反党和国家民族政策的行为，情节较轻的，给予警告或者严重警告处分；情节较重的，给予撤销党内职务或者留党察看处分；情节严重的，给予开除党籍处分。

第六十八条 【对组织、利用宗教活动反党行为的处分】组织、利用宗教活动反对党的理论、路线、方针、政策和决议，破坏民族团结的，对策划者、组织者和骨干分子，给予开除党籍处分。

对其他参加人员，给予撤销党内职务或者留党察看处分；情节严重的，给予开除党籍处分。

对不明真相被裹挟参加，经批评教育后确有悔改表现的，可以免予处分或者不予处分。

有其他违反党和国家宗教政策的行为，情节较轻的，给予警告或者严重警告处分；情节较重的，给予撤销党内职务或者留党察看处分；情节严重的，给予开除党籍处分。

第六十九条 【对信仰宗教党员的教育及处分】对信仰宗教的党员，应当加强思想教育，要求其限期改正；经党组织帮助教育仍没有转变的，应当劝其退党；劝而不退的，予以除名；参与利用宗教搞煽动活动的，给予开除党籍处分。

第七十条 【对组织、参加迷信活动行为的处分】组织迷信活动的，给予撤销党内职务或者留党察看处分；情节严重的，给予开除党籍处分。

参加迷信活动或者个人搞迷信活动，造成不良影响的，给予警告或者严重警告处分；情节较重的，给予撤销党内职务或者留党察看处分；情节严重的，给予开除党籍处分。

对不明真相的参加人员，经批评教育后确有悔改表现的，可以免予处分或者不予处分。

第七十一条　【对组织、利用宗族势力对抗党和政府行为的处分】组织、利用宗族势力对抗党和政府，妨碍党和国家的方针政策以及决策部署的实施，或者破坏党的基层组织建设的，对策划者、组织者和骨干分子，给予开除党籍处分。

对其他参加人员，给予撤销党内职务或者留党察看处分；情节严重的，给予开除党籍处分。

对不明真相被裹挟参加，经批评教育后确有悔改表现的，可以免予处分或者不予处分。

第七十二条　【对在国（境）外叛逃或公开发表反对党和政府言论行为的处分】在国（境）外、外国驻华使（领）馆申请政治避难，或者违纪后逃往国（境）外、外国驻华使（领）馆的，给予开除党籍处分。

在国（境）外公开发表反对党和政府的文章、演说、宣言、声明等的，依照前款规定处理。

故意为上述行为提供方便条件的，给予留党察看或者开除党籍处分。

第七十三条 【对在涉外活动中损害党和国家尊严、利益行为的处分】在涉外活动中，其言行在政治上造成恶劣影响，损害党和国家尊严、利益的，给予撤销党内职务或者留党察看处分；情节严重的，给予开除党籍处分。

第七十四条 【对不履行全面从严治党责任或履行不力行为的处分】不履行全面从严治党主体责任、监督责任或者履行全面从严治党主体责任、监督责任不力，给党组织造成严重损害或者严重不良影响的，对直接责任者和领导责任者，给予警告或者严重警告处分；情节严重的，给予撤销党内职务或者留党察看处分。

第七十五条 【对党员领导干部搞无原则一团和气行为的处分】党员领导干部对违反政治纪律和政治规矩等错误思想和行为不报告、不抵制、不斗争，放任不管，搞无原则一团和气，造成不良影响的，给予警告或者严重警告处分；情节严重的，给予撤销党内职务或者留党察看处分。

第七十六条 【对违反党的优良传统和工作惯例等

行为的处分】违反党的优良传统和工作惯例等党的规矩，在政治上造成不良影响或者严重后果的，给予警告或者严重警告处分；情节较重的，给予撤销党内职务或者留党察看处分；情节严重的，给予开除党籍处分。

第七章　对违反组织纪律行为的处分

第七十七条　【对违反民主集中制原则行为的处分】违反民主集中制原则，有下列行为之一的，给予警告或者严重警告处分；情节严重的，给予撤销党内职务或者留党察看处分：

（一）拒不执行或者擅自改变党组织作出的重大决定；

（二）违反议事规则，个人或者少数人决定重大问题；

（三）故意规避集体决策，决定重大事项、重要干部任免、重要项目安排和大额资金使用；

（四）借集体决策名义集体违规。

第七十八条　【对下级党组织拒不执行或擅自改变上级决定行为的处分】下级党组织拒不执行或者擅自改变上级党组织决定的，对直接责任者和领导责任者，给予警告或者严重警告处分；情节严重的，给予撤销党内职务或者留党察看处分。

第七十九条 【对拒不执行党组织人事安排决定行为的处分】拒不执行党组织的分配、调动、交流等决定的，给予警告、严重警告或者撤销党内职务处分。

在特殊时期或者紧急状况下，拒不执行党组织上述决定的，给予留党察看或者开除党籍处分。

第八十条 【对拒绝作证或故意提供虚假情况行为的处分】在党组织纪律审查中，依法依规负有作证义务的党员拒绝作证或者故意提供虚假情况，情节较重的，给予警告或者严重警告处分；情节严重的，给予撤销党内职务、留党察看或者开除党籍处分。

第八十一条 【对隐瞒不报、不如实报告、弄虚作假和隐瞒入党前严重错误行为的处分】有下列行为之一，情节较重的，给予警告或者严重警告处分：

（一）违反个人有关事项报告规定，隐瞒不报；

（二）在组织进行谈话函询时，不如实向组织说明问题；

（三）不按要求报告或者不如实报告个人去向；

（四）不如实填报个人档案资料。

有前款第二项规定的行为，同时向组织提供虚假情况、掩盖事实的，依照本条例第六十三条规定处理。

篡改、伪造个人档案资料的，给予严重警告处分；情节严重的，给予撤销党内职务或者留党察看处分。

隐瞒入党前严重错误的，一般应当予以除名；对入党多年且一贯表现好，或者在工作中作出突出贡献的，给予严重警告、撤销党内职务或者留党察看处分。

第八十二条　【对违规组织、参加自发成立的老乡会、校友会、战友会等行为的处分】党员领导干部违反有关规定组织、参加自发成立的老乡会、校友会、战友会等，情节严重的，给予警告、严重警告或者撤销党内职务处分。

第八十三条　【对破坏选举行为的处分】有下列行为之一的，给予警告或者严重警告处分；情节较重的，给予撤销党内职务或者留党察看处分；情节严重的，给予开除党籍处分：

（一）在民主推荐、民主测评、组织考察和党内选举中搞拉票、助选等非组织活动；

（二）在法律规定的投票、选举活动中违背组织原则搞非组织活动，组织、怂恿、诱使他人投票、表决；

（三）在选举中进行其他违反党章、其他党内法规和有关章程活动。

搞有组织的拉票贿选，或者用公款拉票贿选的，从重或者加重处分。

第八十四条 【对违反干部选拔任用规定行为的处分】在干部选拔任用工作中，有任人唯亲、排斥异己、封官许愿、说情干预、跑官要官、突击提拔或者调整干部等违反干部选拔任用规定行为，对直接责任者和领导责任者，情节较轻的，给予警告或者严重警告处分；情节较重的，给予撤销党内职务或者留党察看处分；情节严重的，给予开除党籍处分。

用人失察失误造成严重后果的，对直接责任者和领导责任者，依照前款规定处理。

第八十五条 【对违反推进领导干部能上能下规定行为的处分】在推进领导干部能上能下工作中，搞好人主义，有下列行为之一，对直接责任者和领导责任者，情节较重的，给予警告或者严重警告处分；情节严重的，给予撤销党内职务或者留党察看处分：

（一）以党纪政务等处分规避组织调整；

（二）以组织调整代替党纪政务等处分；

（三）其他避重就轻作出处理行为。

第八十六条 【对借人事工作谋利或靠弄虚作假骗取职务、荣誉等利益行为的处分】在干部、职工的录用、考核、职务职级晋升、职称评聘、荣誉表彰，授予学术称号和征兵、安置退役军人等工作中，隐瞒、歪曲事实真相，或者利用职权或者职务上的影响违反有关规定为本人或者其他人谋取利益的，给予警告或者严重警告处分；情节较重的，给予撤销党内职务或者留党察看处分；情节严重的，给予开除党籍处分。

弄虚作假，骗取职务、职级、职称、待遇、资格、学历、学位、荣誉、称号或者其他利益的，依照前款规定处理。

第八十七条 【对侵害党员表决权、选举权和被选举权行为的处分】侵犯党员的表决权、选举权和被选举权，情节较重的，给予警告或者严重警告处分；情节严重的，给予撤销党内职务处分。

以强迫、威胁、欺骗、拉拢等手段，妨害党员自主行使表决权、选举权和被选举权的，给予撤销党内职务、留党察看或者开除党籍处分。

第八十八条 【对侵害党员批评、检举、控告、申辩、辩护、作证、申诉等权利行为的处分】有下列行为之一的，对直接责任者和领导责任者，给予警告或者严重警告处分；情节较重的，给予撤销党内职务或者留党察看处分；情节严重的，给予开除党籍处分：

（一）对批评、检举、控告进行阻挠、压制，或者将批评、检举、控告材料私自扣压、销毁，或者故意将其泄露给他人；

（二）对党员的申辩、辩护、作证等进行压制，造成不良后果；

（三）压制党员申诉，造成不良后果，或者不按照有关规定处理党员申诉；

（四）其他侵犯党员权利行为，造成不良后果。

对批评人、检举人、控告人、证人及其他人员打击报复的，从重或者加重处分。

第八十九条　【对违规发展党员行为的处分】违反党章和其他党内法规的规定，采取弄虚作假或者其他手段把不符合党员条件的人发展为党员，或者为非党员出具党员身份证明的，对直接责任者和领导责任者，给予警告或者严重警告处分；情节严重的，给予撤销党内职务处分。

违反有关规定程序发展党员的，对直接责任者和领导责任者，依照前款规定处理。

第九十条　【对违规获取外国身份行为的处分】违反有关规定取得外国国籍或者获取国（境）外永久居留资格、长期居留许可的，给予撤销党内职务、留党察看或者开除党籍处分。

第九十一条 【对违规办理因私出国（境）证件或未经批准、超出批准范围出入国（边）境行为的处分】违反有关规定办理因私出国（境）证件、前往港澳通行证，或者未经批准出入国（边）境，情节较轻的，给予警告或者严重警告处分；情节较重的，给予撤销党内职务或者留党察看处分；情节严重的，给予开除党籍处分。

虽经批准因私出国（境）但存在擅自变更路线、无正当理由超期未归等超出批准范围出国（境）行为，情节较重的，给予警告或者严重警告处分；情节严重的，给予撤销党内职务处分。

第九十二条 【对在国（境）外擅自脱离组织或违规与外交往行为的处分】驻外机构或者临时出国（境）团（组）中的党员擅自脱离组织，或者从事外事、机要、军事等工作的党员违反有关规定同国（境）外机构、人员联系和交往的，给予警告、严重警告或者撤销党内职务处分。

第九十三条 【对脱离或协助他人脱离组织行为的处分】驻外机构或者临时出国（境）团（组）中的党员，脱离组织出走时间不满六个月又自动回归的，给予撤销党内职务或者留党察看处分；脱离组织出走时间超过六个月的，按照自行脱党处理，党内予以除名。

故意为他人脱离组织出走提供方便条件的，给予警告、严重警告或者撤销党内职务处分。

第八章　对违反廉洁纪律行为的处分

第九十四条　【对利用职权为他人谋利及亲属等相关人员借影响力收受财物行为的处分】党员干部必须正确行使人民赋予的权力，清正廉洁，反对特权思想和特权现象，反对任何滥用职权、谋求私利的行为。

利用职权或者职务上的影响为他人谋取利益，本人的配偶、子女及其配偶等亲属和其他特定关系人收受对方财物，情节较重的，给予警告或者严重警告处分；情节严重的，给予撤销党内职务、留党察看或者开除党籍处分。

第九十五条　【对权权交易行为的处分】相互利用职权或者职务上的影响为对方及其配偶、子女及其配偶等亲属、身边工作人员和其他特定关系人谋取利益搞权权交易的，给予警告或者严重警告处分；情节较重的，给予撤销党内职务或者留党察看处分；情节严重的，给予开除党籍处分。

第九十六条　【对纵容、默许亲属、身边工作人员和其他特定关系人利用本人职权谋利行为的处分】纵容、默许配偶、子女及其配偶等亲属、身边工作人员和其他特定关系人利用党员干部本人职权或者职务上的影响谋取私利，情节较轻的，给予警告或者严重警告处分；情节较重的，给予撤销党内职务或者留党察看处分；情节严重的，给予开除党籍处分。

党员干部的配偶、子女及其配偶等亲属和其他特定关系人不实际工作而获取薪酬或者虽实际工作但领取明显超出同职级标准薪酬，党员干部知情未予纠正的，依照前款规定处理。

第九十七条 【对违规收受财物行为的处分】收受可能影响公正执行公务的礼品、礼金、消费卡（券）和有价证券、股权、其他金融产品等财物，情节较轻的，给予警告或者严重警告处分；情节较重的，给予撤销党内职务或者留党察看处分；情节严重的，给予开除党籍处分。

收受其他明显超出正常礼尚往来的财物的，依照前款规定处理。

第九十八条 【对违规赠送财物或变相送礼行为的处分】向从事公务的人员及其配偶、子女及其配偶等亲属和其他特定关系人赠送明显超出正常礼尚往来的礼品、礼金、消费卡（券）和有价证券、股权、其他金融产品等财物，情节较重的，给予警告或者严重警告处分；情节严重的，给予撤销党内职务或者留党察看处分。

以讲课费、课题费、咨询费等名义变相送礼的，依照前款规定处理。

第九十九条 【对可能影响公正执行公务行为的处分】借用管理和服务对象的钱款、住房、车辆等，可能影响公正执行公务，情节较重的，给予警告或者严重警告处分；情节严重的，给予撤销党内职务、留党察看或者开除党籍处分。

通过民间借贷等金融活动获取大额回报，可能影响公正执行公务的，依照前款规定处理。

第一百条 【对利用职权或职务上的影响操办婚丧喜庆事宜行为的处分】利用职权或者职务上的影响操办婚丧喜庆事宜，造成不良影响的，给予警告或者严重警告处分；情节严重的，给予撤销党内职务处分；借机敛财或者有其他侵犯国家、集体和人民利益行为的，从重或者加重处分，直至开除党籍。

第一百零一条 【对违规接受、提供宴请或旅游、健身、娱乐等活动安排行为的处分】接受、提供可能影响公正执行公务的宴请或者旅游、健身、娱乐等活动安排，情节较重的，给予警告或者严重警告处分；情节严重的，给予撤销党内职务或者留党察看处分。

第一百零二条 【对违规取得、持有、实际使用消费卡（券）或出入私人会所行为的处分】违反有关规定取得、持有、实际使用运动健身卡、会所和俱乐部会员卡、高尔夫球卡等各种消费卡（券），或者违反有关规定出入私人会所，情节较重的，给予警告或者严重警告处分；情节严重的，给予撤销党内职务或者留党察看处分。

第一百零三条 【对违规从事营利活动、利用职权非正常获利及违规兼职行为的处分】违反有关规定从事营利活动，有下列行为之一，情节较轻的，给予警告或者严重警告处分；情节较重的，给予撤销党内职务或者留党察看处分；情节严重的，给予开除党籍处分：

（一）经商办企业；

（二）拥有非上市公司（企业）的股份或者证券；

（三）买卖股票或者进行其他证券投资；

（四）从事有偿中介活动；

（五）在国（境）外注册公司或者投资入股；

（六）其他违反有关规定从事营利活动的行为。

利用参与企业重组改制、定向增发、兼并投资、土地使用权出让等工作中掌握的信息买卖股票，利用职权或者职务上的影响通过购买信托产品、基金等方式非正常获利的，依照前款规定处理。

违反有关规定在经济组织、社会组织等单位中兼职，或者经批准兼职但获取薪酬、奖金、津贴等额外利益的，依照第一款规定处理。

第一百零四条　【对违规为亲属和特定关系人谋利的处分】 利用职权或者职务上的影响，为配偶、子女及其配偶等亲属和其他特定关系人在审批监管、资源开发、金融信贷、大宗采购、土地使用权出让、房地产开发、工程招投标以及公共财政收支等方面谋取利益，情节较轻的，给予警告或者严重警告处分；情节较重的，给予撤销党内职务或者留党察看处分；情节严重的，给予开除党籍处分。

利用职权或者职务上的影响，为配偶、子女及其配偶等亲属和其他特定关系人吸收存款、推销金融产品、经营名贵特产类特殊资源等提供帮助谋取利益的，依照前款规定处理。

第一百零五条　【对离退休干部违规任职或从事营利活动行为的处分】 离职或者退（离）休后违反有关

规定接受原任职务管辖的地区和业务范围内或者与原工作业务直接相关的企业和中介机构等单位的聘用,或者个人从事与原任职务管辖业务或者与原工作业务直接相关的营利活动,情节较轻的,给予警告或者严重警告处分;情节较重的,给予撤销党内职务处分;情节严重的,给予留党察看处分。

党员领导干部离职或者退(离)休后违反有关规定担任上市公司、基金管理公司独立董事、独立监事等职务,情节较轻的,给予警告或者严重警告处分;情节较重的,给予撤销党内职务处分;情节严重的,给予留党察看处分。

第一百零六条 【对离退休干部利用原职权为亲属和其他特定关系人谋利及亲属等相关人员借影响力收受财物行为的处分】 离职或者退(离)休后利用原职权或者职务上的影响,为配偶、子女及其配偶等亲属和其他特定关系人从事经营活动谋取利益,情节较轻的,给予警告或者严重警告处分;情节较重的,给予撤销党内职务或者留党察看处分;情节严重的,给予开除党籍处分。

离职或者退(离)休后利用原职权或者职务上的影响为他人谋取利益,本人的配偶、子女及其配偶等亲属和其他特定关系人收受对方财物，情节较重的，给予警告或者严重警告处分；情节严重的，给予撤销党内职务、留党察看或者开除党籍处分。

第一百零七条　【对党员领导干部的配偶、子女及其配偶违规经营或任职行为的处分】党员领导干部的配偶、子女及其配偶，违反有关规定在该党员领导干部管辖的地区和业务范围内从事可能影响其公正执行公务的经营活动，或者有其他违反经商办企业禁业规定行为的，该党员领导干部应当按照规定予以纠正；拒不纠正的，其本人应当辞去现任职务或者由组织予以调整职务；不辞去现任职务或者不服从组织调整职务的，给予撤销党内职务处分。

第一百零八条　【对党和国家机关违规经商办企业行为的处分】党和国家机关违反有关规定经商办企业的，对直接责任者和领导责任者，给予警告或者严重警告处分；情节严重的，给予撤销党内职务处分。

第一百零九条　【对党员领导干部违规为本人、亲属、身边工作人员和其他特定关系人谋求特殊待遇行为的处分】党员领导干部违反工作、生活保障制度，在交通、医疗、警卫等方面为本人、配偶、子女及其配偶等亲属、身边工作人员和其他特定关系人谋求特殊待遇，情节较重的，给予警告或者严重警告处分；情节严重的，给予撤销党内职务或者留党察看处分。

第一百一十条 【对在分配、购买住房中侵犯国家、集体利益行为的处分】在分配、购买住房中侵犯国家、集体利益，情节较轻的，给予警告或者严重警告处分；情节较重的，给予撤销党内职务或者留党察看处分；情节严重的，给予开除党籍处分。

第一百一十一条 【对侵占公私财物、违规报销行为的处分】利用职权或者职务上的影响，侵占非本人经管的公私财物，或者以象征性地支付钱款等方式侵占公私财物，或者无偿、象征性地支付报酬接受服务、使用劳务，情节较轻的，给予警告或者严重警告处分；情节较重的，给予撤销党内职务或者留党察看处分；情节严重的，给予开除党籍处分。

利用职权或者职务上的影响，将应当由本人、配偶、子女及其配偶等亲属、身边工作人员和其他特定关系人个人支付的费用，由下属单位、其他单位或者他人支付、报销的，依照前款规定处理。

第一百一十二条 【对违规占用公物归个人使用、进行营利活动行为的处分】利用职权或者职务上的影响，违反有关规定占用公物归个人使用，时间超过六个月，情节较重的，给予警告或者严重警告处分；情节严重的，给予撤销党内职务处分。

占用公物进行营利活动的，给予警告或者严重警告处分；情节较重的，给予撤销党内职务或者留党察看处分；情节严重的，给予开除党籍处分。

将公物借给他人进行营利活动的，依照前款规定处理。

第一百一十三条 【对组织、参加公款宴请、娱乐、健身活动，用公款购买赠送或者发放礼品、消费卡（券）等行为的处分】违反有关规定组织、参加用公款支付的宴请、娱乐、健身活动，或者用公款购买赠送或者发放礼品、消费卡（券）等，对直接责任者和领导责任者，情节较轻的，给予警告或者严重警告处分；情节较重的，给予撤销党内职务或者留党察看处分；情节严重的，给予开除党籍处分。

第一百一十四条 【对违规发放薪酬、津补贴、奖金、福利等行为的处分】违反有关规定自定薪酬或者滥发津贴、补贴、奖金、福利等，对直接责任者和领导责任者，情节较轻的，给予警告或者严重警告处分；情节较重的，给予撤销党内职务或者留党察看处分；情节严重的，给予开除党籍处分。

第一百一十五条 【对公款旅游等行为的处分】有下列行为之一，对直接责任者和领导责任者，情节较轻的，给予警告或者严重警告处分；情节较重的，给予撤销党内职务或者留党察看处分；情节严重的，给予开除党籍处分：

（一）公款旅游或者以学习培训、考察调研、职工疗养等为名变相公款旅游；

（二）改变公务行程，借机旅游；

（三）参加所管理企业、下属单位组织的考察活动，借机旅游。

以考察、学习、培训、研讨、招商、参展等名义变相用公款出国（境）旅游的，对直接责任者和领导责任者，依照前款规定处理。

第一百一十六条 【对违规接待或者借机大吃大喝行为的处分】违反接待管理规定，超标准、超范围接待或者借机大吃大喝，对直接责任者和领导责任者，情节较重的，给予警告或者严重警告处分；情节严重的，给予撤销党内职务处分。

第一百一十七条 【对违规配备、购买、更换、装饰、使用公车等行为的处分】违反有关规定配备、购买、更换、装饰、使用公务交通工具或者有其他违反公务交通工具管理规定的行为，对直接责任者和领导责任者，情节较重的，给予警告或者严重警告处分；情节严重的，给予撤销党内职务或者留党察看处分。

第一百一十八条 【对违反会议活动管理规定行为的处分】违反会议活动管理规定，有下列行为之一，对直接责任者和领导责任者，情节较重的，给予警告或者严重警告处分；情节严重的，给予撤销党内职务处分：

（一）到禁止召开会议的风景名胜区开会；

（二）决定或者批准举办各类节会、庆典活动；

（三）其他违反会议活动管理规定行为。

擅自举办评比达标表彰、创建示范活动或者借评比达标表彰、创建示范活动收取费用的，对直接责任者和领导责任者，依照前款规定处理。

第一百一十九条 【对违反办公用房管理规定行为的处分】违反办公用房管理等规定，有下列行为之一，对直接责任者和领导责任者，情节较重的，给予警告或者严重警告处分；情节严重的，给予撤销党内职务处分：

（一）决定或者批准兴建、装修办公楼、培训中心等楼堂馆所；

（二）超标准配备、使用办公用房；

（三）未经批准租用、借用办公用房；

（四）用公款包租、占用客房或者其他场所供个人使用；

（五）其他违反办公用房管理等规定行为。

第一百二十条　【对搞权色交易、钱色交易行为的处分】搞权色交易或者给予财物搞钱色交易的，给予警告或者严重警告处分；情节较重的，给予撤销党内职务或者留党察看处分；情节严重的，给予开除党籍处分。

第一百二十一条　【对其他违反廉洁纪律规定行为的处分】有其他违反廉洁纪律规定行为的，应当视具体情节给予警告直至开除党籍处分。

第九章　对违反群众纪律行为的处分

第一百二十二条　【对侵害群众利益行为的处分】有下列行为之一，对直接责任者和领导责任者，情节较轻的，给予警告或者严重警告处分；情节较重的，给予撤销党内职务或者留党察看处分；情节严重的，给予开除党籍处分：

（一）超标准、超范围向群众筹资筹劳、摊派费用，加重群众负担；

（二）违反有关规定扣留、收缴群众款物或者处罚群众；

（三）克扣群众财物，或者违反有关规定拖欠群众钱款；

（四）在管理、服务活动中违反有关规定收取费用；

（五）在办理涉及群众事务时刁难群众、吃拿卡要；

（六）其他侵害群众利益行为。

在乡村振兴领域有上述行为的，从重或者加重处分。

第一百二十三条 【对干涉生产经营自主权，致使群众财产遭受较大损失行为的处分】干涉生产经营自主权，致使群众财产遭受较大损失的，对直接责任者和领导责任者，给予警告或者严重警告处分；情节严重的，给予撤销党内职务或者留党察看处分。

第一百二十四条 【对在社会保障、救助、扶持及救灾事项中优亲厚友行为的处分】在社会保障、社会救助、政策扶持、救灾救济款物分配等事项中优亲厚友、明显有失公平的，给予警告或者严重警告处分；情节较重的，给予撤销党内职务或者留党察看处分；情节严重的，给予开除党籍处分。

第一百二十五条 【对涉及黑恶势力行为的处分】利用宗族或者黑恶势力等欺压群众，或者纵容涉黑涉恶活动、为黑恶势力充当"保护伞"的，给予撤销党内职务或者留党察看处分；情节严重的，给予开除党籍处分。

第一百二十六条 【对损害群众利益行为的处分】有下列行为之一，对直接责任者和领导责任者，情节较重的，给予警告或者严重警告处分；情节严重的，给予撤销党内职务或者留党察看处分：

（一）对涉及群众生产、生活等切身利益的问题依照政策或者有关规定能解决而不及时解决，庸懒无为、效率低下，造成不良影响；

（二）对符合政策的群众诉求消极应付、推诿扯皮，损害党群、干群关系；

（三）对待群众态度恶劣、简单粗暴，造成不良影响；

（四）弄虚作假，欺上瞒下，损害群众利益；

（五）其他不作为、乱作为、慢作为、假作为等损害群众利益行为。

第一百二十七条 【对国家财产和群众生命财产见危不救行为的处分】遇到国家财产和群众生命财产受到严重威胁时，能救而不救，情节较重的，给予警告、严重警告或者撤销党内职务处分；情节严重的，给予留党察看或者开除党籍处分。

第一百二十八条 【对侵犯群众知情权行为的处分】不按照规定公开党务、政务、厂务、村（居）务等，侵犯群众知情权，对直接责任者和领导责任者，情节较重的，给予警告或者严重警告处分；情节严重的，给予撤销党内职务或者留党察看处分。

第一百二十九条 【对其他违反群众纪律规定行为的处分】有其他违反群众纪律规定行为的，应当视具体情节给予警告直至开除党籍处分。

第十章　对违反工作纪律行为的处分

第一百三十条 【对工作中不负责任或疏于管理，贯彻上级决策部署不力行为的处分】工作中不负责任或者疏于管理，贯彻执行、检查督促落实上级决策部署不力，给党、国家和人民利益以及公共财产造成较大损失的，对直接责任者和领导责任者，给予警告或者严重警告处分；造成重大损失的，给予撤销党内职务、留党察看或者开除党籍处分。

党员领导干部对于到任前已经存在且属于其职责范围内的问题，消极回避、推卸责任，造成严重损害或者严重不良影响的，依照前款规定处理。

第一百三十一条 【对工作中不敢斗争、不愿担当、临阵退缩行为的处分】工作中不敢斗争、不愿担当，面对重大矛盾冲突、危机困难临阵退缩，造成不良影响或者严重后果的，给予警告或者严重警告处分；情节严重的，给予撤销党内职务、留党察看或者开除党籍处分。

第一百三十二条 【对工作中形式主义、官僚主义行为的处分】有下列行为之一，造成严重损害或者严重不良影响的，对直接责任者和领导责任者，给予警告或者严重警告处分；情节较重的，给予撤销党内职务或者留党察看处分；情节严重的，给予开除党籍处分：

（一）热衷于搞舆论造势、浮在表面；

（二）单纯以会议贯彻会议、以文件落实文件，在实际工作中不见诸行动；

（三）脱离实际，不作深入调查研究，搞随意决策、机械执行；

（四）违反精文减会有关规定搞文山会海；

（五）在督查检查考核等工作中搞层层加码、过度留痕，增加基层工作负担；

（六）工作中其他形式主义、官僚主义行为。

第一百三十三条 【对餐饮浪费行为的处分】在公

务活动用餐、单位食堂用餐管理工作中不履行或者不正确履行宣传教育、监督管理职责，导致餐饮浪费，造成严重不良影响的，对直接责任者和领导责任者，给予警告或者严重警告处分；情节严重的，给予撤销党内职务处分。

第一百三十四条 【对机构编制工作违规行为的处分】在机构编制工作中，有下列行为之一，造成不良影响或者严重后果的，对直接责任者和领导责任者，给予警告或者严重警告处分；情节较重的，给予撤销党内职务或者留党察看处分；情节严重的，给予开除党籍处分：

（一）擅自超出"三定"规定范围调整职责、设置机构、核定领导职数和配备人员；

（二）违规干预地方机构设置；

（三）其他违反机构编制管理规定行为。

第一百三十五条 【对信访工作违规行为的处分】在信访工作中，有下列行为之一，造成不良影响或者严重后果的，对直接责任者和领导责任者，给予警告或者严重警告处分；情节较重的，给予撤销党内职务或者留党察看处分；情节严重的，给予开除党籍处分：

（一）不按照规定受理、办理信访事项；

（二）对规模性集体访等处置不力，导致事态扩大；

（三）对党委和政府信访部门提出的改进工作、完善政策等建议重视不够、落实不力，导致问题长期得不到解决；

（四）其他不履行或者不正确履行信访工作职责行为。

不履行或者不正确履行职责，导致信访事项发生，造成不良影响或者严重后果的，对直接责任者和领导责任者，依照前款规定处理。

第一百三十六条　【对党组织违规处理党员违法、违纪情况等行为的处分】党组织有下列行为之一，对直接责任者和领导责任者，情节较重的，给予警告或者严重警告处分；情节严重的，给予撤销党内职务或者留党察看处分：

（一）党员被立案审查期间，擅自批准其出差、出国（境）、辞职，或者对其交流、提拔职务、晋升职级、进一步使用、奖励，或者办理退休手续；

（二）党员被依法追究刑事责任后，不按照规定给予党纪处分，或者对党员违反国家法律法规的行为，应当给予党纪处分而不处分；

（三）党纪处分决定或者申诉复查决定作出后，不按照规定落实决定中关于被处分人党籍、职务、职级、待遇等事项；

（四）党员受到党纪处分后，不按照干部管理权限和组织关系对受处分党员开展日常教育、管理和监督工作。

第一百三十七条　【对滥用问责或在问责工作中严重不负责任行为的处分】滥用问责，或者在问责工作中严重不负责任，造成不良影响的，对直接责任者和领导责任者，给予警告或者严重警告处分；情节严重的，给予撤销党内职务处分。

第一百三十八条　【对因渎职致使所管理人员叛逃或出逃、出走行为的处分】因工作不负责任致使所管理的人员叛逃的，对直接责任者和领导责任者，给予警告或者严重警告处分；情节严重的，给予撤销党内职务处分。

因工作不负责任致使所管理的人员出逃、出走，对直接责任者和领导责任者，情节较重的，给予警告或者严重警告处分；情节严重的，给予撤销党内职务处分。

第一百三十九条　【对统计造假、统计造假失察行为的处分】进行统计造假，对直接责任者和领导责任者，情节较轻的，给予警告或者严重警告处分；情节较重的，给予撤销党内职务或者留党察看处分；情节严重的，给予开除党籍处分。

对统计造假失察，造成严重后果的，对直接责任者和领导责任者，给予警告或者严重警告处分；情节严重的，给予撤销党内职务、留党察看或者开除党籍处分。

第一百四十条 【对瞒报或不如实报告工作行为的处分】在上级检查、视察工作或者向上级汇报、报告工作时对应当报告的事项不报告或者不如实报告，造成严重损害或者严重不良影响的，对直接责任者和领导责任者，给予警告或者严重警告处分；情节严重的，给予撤销党内职务或者留党察看处分。

在上级检查、视察工作或者向上级汇报、报告工作时纵容、唆使、暗示、强迫下级说假话、报假情的，从重或者加重处分。

第一百四十一条 【对违规干预和插手市场经济活动行为的处分】违反有关规定干预和插手市场经济活动，有下列行为之一，情节较轻的，给予警告或者严重警告处分；情节较重的，给予撤销党内职务或者留党察看处分；情节严重的，给予开除党籍处分：

（一）干预和插手建设工程项目承发包、土地使用权出让、政府采购、房地产开发与经营、矿产资源开发利用、中介机构服务等活动；

（二）干预和插手国有企业重组改制、兼并、破产、产权交易、清产核资、资产评估、资产转让、重大项目投资以及其他重大经营活动等事项；

（三）干预和插手批办各类行政许可和资金借贷等事项；

（四）干预和插手经济纠纷；

（五）干预和插手集体资金、资产和资源的使用、分配、承包、租赁等事项。

第一百四十二条 【对违规干预和插手司法活动、执纪执法活动，资金分配、立项评审、表彰奖励等行为的处分】违反有关规定干预和插手司法活动、执纪执法活动，向有关地方或者部门打听案情、打招呼、说情，或者以其他方式对司法活动、执纪执法活动施加影响，情节较轻的，给予严重警告处分；情节较重的，给予撤销党内职务或者留党察看处分；情节严重的，给予开除党籍处分。

违反有关规定干预和插手公共财政资金分配、项目立项评审、功勋荣誉表彰奖励等活动，造成重大损失或者不良影响的，依照前款规定处理。

第一百四十三条 【对违规不报告或登记干预和插

手行为的处分】按照有关规定对干预和插手行为负有报告和登记义务的受请托人,不按照规定报告或者登记,情节较重的,给予警告或者严重警告处分;情节严重的,给予撤销党内职务处分。

第一百四十四条 【对泄露、扩散或者打探、窃取党组织秘密,私自留存党组织资料行为的处分】泄露、扩散或者打探、窃取党组织关于干部选拔任用、纪律审查、巡视巡察等尚未公开事项或者其他应当保密的内容的,给予警告或者严重警告处分;情节较重的,给予撤销党内职务或者留党察看处分;情节严重的,给予开除党籍处分。

私自留存涉及党组织关于干部选拔任用、纪律审查、巡视巡察等方面资料,情节较重的,给予警告或者严重警告处分;情节严重的,给予撤销党内职务处分。

第一百四十五条 【对违反考试、录取工作规定行为的处分】在考试、录取工作中,有泄露试题、考场舞弊、涂改考卷、违规录取等违反有关规定行为的,给予警告或者严重警告处分;情节较重的,给予撤销党内职务或者留党察看处分;情节严重的,给予开除党籍处分。

第一百四十六条 【对不当谋求本人或他人用公款

出国（境）行为的处分】以不正当方式谋求本人或者其他人用公款出国（境），情节较轻的，给予警告处分；情节较重的，给予严重警告处分；情节严重的，给予撤销党内职务处分。

第一百四十七条 【对擅自延长在国（境）外期限或变更路线行为的处分】临时出国（境）团（组）或者人员中的党员，擅自延长在国（境）外期限，或者擅自变更路线的，对直接责任者和领导责任者，给予警告或者严重警告处分；情节严重的，给予撤销党内职务处分。

第一百四十八条 【对驻外机构或党员触犯当地法律或者不尊重当地宗教习俗行为的处分】驻外机构或者临时出国（境）团（组）中的党员，触犯驻在国家、地区的法律、法令或者不尊重驻在国家、地区的宗教习俗，情节较重的，给予警告或者严重警告处分；情节严重的，给予撤销党内职务、留党察看或者开除党籍处分。

第一百四十九条 【对在纪律检查、组织、宣传、统一战线等工作中不履职或不正确履职行为的处分】在党的纪律检查、组织、宣传、统一战线工作以及机关工作等其他工作中，不履行或者不正确履行职责，造成损失或者不良影响的，应当视具体情节给予警告直至开除党籍处分。

第十一章　对违反生活纪律行为的处分

第一百五十条　【对生活奢靡、铺张浪费、贪图享乐、追求低级趣味行为的处分】生活奢靡、铺张浪费、贪图享乐、追求低级趣味，造成不良影响的，给予警告或者严重警告处分；情节严重的，给予撤销党内职务处分。

第一百五十一条　【对与他人发生不正当性关系行为的处分】与他人发生不正当性关系，造成不良影响的，给予警告或者严重警告处分；情节较重的，给予撤销党内职务或者留党察看处分；情节严重的，给予开除党籍处分。

利用职权、教养关系、从属关系或者其他相类似关系与他人发生性关系的，从重处分。

第一百五十二条　【对党员领导干部不重视家风建设行为的处分】党员领导干部不重视家风建设，对配偶、子女及其配偶失管失教，造成不良影响或者严重后果的，给予警告或者严重警告处分；情节严重的，给予撤销党内职务处分。

第一百五十三条 【对违背公序良俗，在公共场所、网络空间有不当言行的处分】违背社会公序良俗，在公共场所、网络空间有不当言行，造成不良影响的，给予警告或者严重警告处分；情节较重的，给予撤销党内职务或者留党察看处分；情节严重的，给予开除党籍处分。

第一百五十四条 【对其他违反社会公德、家庭美德行为的处分】有其他严重违反社会公德、家庭美德行为的，应当视具体情节给予警告直至开除党籍处分。

第三编 附 则

第一百五十五条 【各省、自治区、直辖市可据此制定单项实施规定】各省、自治区、直辖市党委可以根据本条例，结合各自工作的实际情况，制定单项实施规定。

第一百五十六条 【中央军委可据此制定补充规定或者单项规定】中央军事委员会可以根据本条例，结合中国人民解放军和中国人民武装警察部队的实际情况，制定补充规定或者单项规定。

第一百五十七条 【解释机关】本条例由中央纪委负责解释。

第一百五十八条 【生效时间及溯及力】本条例自 2024 年 1 月 1 日起施行。

本条例施行前,已结案的案件如需进行复查复议,适用当时的规定或者政策。尚未结案的案件,如果行为发生时的规定或者政策不认为是违纪,而本条例认为是违纪的,依照当时的规定或者政策处理;如果行为发生时的规定或者政策认为是违纪的,依照当时的规定或者政策处理,但是如果本条例不认为是违纪或者处理较轻的,依照本条例规定处理。

图书在版编目（CIP）数据

纪律教育警示案例／中国法制出版社编．—北京：中国法制出版社，2024.4（2025.1 重印）
ISBN 978-7-5216-4407-4

Ⅰ.①纪… Ⅱ.①中… Ⅲ.①国家机关工作人员-纪律检查-案例-中国 Ⅳ.①D630.3

中国国家版本馆 CIP 数据核字（2024）第 062586 号

责任编辑：李宏伟　　　　　　　　　　　　　　封面设计：李宁

纪律教育警示案例
JILÜ JIAOYU JINGSHI ANLI

经销/新华书店
印刷/三河市紫恒印装有限公司
开本/880 毫米×1230 毫米　32 开　　　　　印张/7.5　字数/98 千
版次/2024 年 4 月第 1 版　　　　　　　　　　2025 年 1 月第 8 次印刷

中国法制出版社出版
书号 ISBN 978-7-5216-4407-4　　　　　　　　定价：30.00 元

北京市西城区西便门西里甲 16 号西便门办公区
邮政编码：100053　　　　　　　　　　　　传真：010-63141600
网址：http：//www.zgfzs.com　　　　　　编辑部电话：010-63141804
市场营销部电话：010-63141612　　　　　　印务部电话：010-63141606

（如有印装质量问题，请与本社印务部联系。）